¡PORQUE SOY TU MADRE!

PACO DE MIGUEL

¡PORQUE SOY TU MADRE!

La señora más famosa
de la nueva generación

Planeta

Coordinación editorial: Lups Borja
Diseño de interiores: Baya de oro
Ilustraciones de interiores: Studioland
Viñetas de interiores: Freepik y Google Fonts
Fotografías de interiores: © Alejandra Carbajal Islas
Fotografías de redes sociales de Carito Acampa: Cortesía del autor
Diseño de portada: Planeta Arte & Diseño / Studioland
Fotografías de portada: © Alejandra Carbajal Islas
Fotografía del autor: © Fernanda Parra

Bajo el sello editorial PLANETA M.R.
Avenida Presidente Masarik núm. 111,
Piso 2, Polanco V Sección, Miguel Hidalgo
C.P. 11560, Ciudad de México
www.planetadelibros.com.mx

Primera edición en formato epub: octubre de 2025
ISBN: 978-607-39-3227-1

Primera edición impresa en México: octubre de 2025
ISBN: 978-607-39-3030-7

Impreso en los talleres de Litográfica Ingramex, S.A. de C.V.
Centeno núm. 162-1, colonia Granjas Esmeralda, Ciudad de México
Impreso y hecho en México – *Printed and made in Mexico*

Índice

ESTÁS POR
LEER UN LIBRO

CON MUCHO
MENSAJE

INTRODUCCIÓN

¿Ya te pusiste los lentes? Bienvenida al club de las señoras que ya no alcanzan a leer, pero que están dispuestas a sumergirse en un libro padrísimo que hice con mucho amor y cariño.

Antes que nada, me presento: soy Carolina Acampa Robledo, una señora de cincuenta y pico de años que está viviendo la mejor etapa de su vida. Soy una madre tan común como todas, con más virtudes que defectos, y si no me creen, pregúntenles a mis hijas ja, ja, ju, ju, jo, jo.

He aprendido mucho a lo largo de mi vida, pero la fuente primordial de mis enseñanzas siempre será mi madre, doña Evangelina Acampa De Bages, quien me dio muchas lecciones de vida «a su manera» y me repitió frases hasta el cansancio, entre ellas, esta:

«Planta un árbol, escribe un libro y ten un hijo».

Hasta ahora he cumplido esa frase al pie de la letra.

☑ Planta un árbol = ¡He plantado más de uno! Tengo un piracanto, que da una sombra preciosa en mi jardín; una jacaranda, que tengo hasta de foto de portada en el feis y, por supuesto, cuido mis orquídeas más que a mis propias hijas.

☑ Escribe un libro = Pues aquí está, y tú estás dándole el remojo. Mis editores me dijeron que querían a la mejor mamá de internet en su catálogo, y yo dije: «Oye, pérame, ¿de qué quieres que hable?». Me dieron total libertad, así que aquí tienes un anecdotario de cómo he navegado las vicisitudes de la vida, uno que otro chistoretito y la receta para una pasta que te mueres.

☑ Ten un hijo = Tengo dos hermosas hijas *aborrescentes* que amo con todo mi corazón, Regina y Melissa. Me han sacado canas verdes, patas de gallo y líneas de expresión que jamás imaginé tener, pero son buenas chavas.

Seguramente después de leer este libro pensarás que espío a tu familia y a tu mamá, que me paso documentando a las señoras, que estoy haciendo un multiverso de las mamás o que soy tu clon. Y te darás cuenta de que nuestras semejanzas existen porque todos somos una extensión de nuestras madres.

Dicen que reconocerse es el primer paso para cambiar. Y que quede claro que yo no pretendo cambiar, ni aleccionar a nadie, ni dar la fórmula secreta para que los hijos recojan el chingado muladar que tienen en su cuarto sin que haya que pedírselos chorrocientas mil veces. ¡Yo no estoy aquí para educarte!

Mi único propósito es compartir un rato cotorro, a gusto, padre, donde te olvides un ratito de la chamba, de las tareas de casa y de los problemas del mundo. Prepárate (o prepárense, si lo leen en bola) un cafecito, un vinito, o un clericotcito. Acuéstate en el lugar más cómodo o cómode (ja, ja, ja, Melissa y Regina me van a regañar) de tu casa y disfruta la lectura, incluso este libro puede ser parte del tiempo de calidad madre e hija, pues aquí hay enseñanzas, chismes y risas para todas. Espero que te veas reflejada o identifiques a tu mami en cada palabra.

Bendiciones,

Carolina Acampa

SER O NO SER

AMIGA DE TUS HIJOS...

ESA ES LA CUESTIÓN

CAPÍTULO 1

MAMÁ COOL

Me han preguntado mucho si soy amiga de mis hijas y te voy a ser franca: la respuesta es un rotundo *no*. Ellas, la verdad, ya traen otro chip, que a veces una no entiende. Mi deber, por ahora, es educarlas, hacerlas independientes y, cuando ellas se puedan mantener y lavar sus calzones, con todo gusto nos convertimos en cuatas.

Por ahora me toca, a veces, ser la ogro, la capataz y la enemiga (cuando les conviene), pero también soy esa persona en la que pueden confiar, con quien pueden hablar, reírse, llorar y compartir todo lo que deseen, aunque las juzgue después. La puerta está más que abierta para entablar una bonita amistad donde no pierdan de vista que ¡soy su madre y mi trabajo me ha costado!

¡Ay, mamá, ya!
Atte.: Regina

Test

¿AMIGAS O RIVALES?

1. ¿Qué hace tu mamá cuando pones la música de moda que te gusta?

a) La canta y la baila, siempre y cuando las letras no digan peladeces.
b) Le cambia inmediatamente y pone su disco de *Pandora & Flans: Inesperado Tour. Show en vivo - CD + DVD*.
c) Me pide que le «queme» un disco con mi *playlist* o que guarde las canciones en una memoria USB.

2. Invitas a tu mamá a ver una película con escenas cachondas, ella...

a) ... pide que se tapen los ojos y le adelanta a la escena.
b) ... le cambia inmediatamente y pone una peli apta para toda la familia.
c) ... finge quedarse dormida o se ríe incómoda.

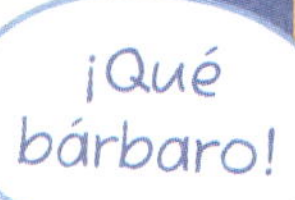

3. ¿Qué actitud adoptaba tu mamá cuando llegabas con malas calificaciones o con un reporte escolar?

a) Aplicaba la frase: «Tu única obligación en este momento de la vida es estudiar».
b) Te castigaba y amenazaba con ir a hablar con la Madre Rectora o con la autoridad más *picuda* de la escuela.
c) Te pedía amablemente que le echaras más ganitas para la próxima o te mandaría a vender chicles.

4. Si no quieres comer lo que prepara, ¿qué frase utiliza?

a) «¡Esta casa no es fonda y te lo tragas!».
b) «Pues déjalo, al rato que te estés muriendo de hambre, a ver quién te cocina».
c) «Ahí hay queso, jamón y tortillas para que no te quedes con el estómago vacío».

5. Si le pidieras a tu mamá que te llevara a comprar ropa, ¿de qué manera respondería?

a) «Tienes el clóset lleno de ropa padrísima que no te pones. Primero acábate la ropa que tienes y luego vemos».

b) «¡Qué bueno, porque ya pareces retrato!».

c) «Vamos, y aprovecho para ajuararme también, pero eso sí: déjenme comprar a gusto, no me anden carrereando, por favor».

RESULTADOS

Mayoría A: ¡Felicidades! Tienes en tu casa a una Carito Acampa 2.0, qué privilegio. Ella sabe en qué momento puede ser compinche y en qué momento toca comerse un pollito, jo, jo, jo.

Mayoría B: A veces amigas, a veces rivales; pero, ante todo, una gran madre.

Mayoría C: De mi parte, por favor, dile a tu madre que se ponga más lista porque sus *hijitos* están a punto de subírsele a las barbas. Y NO LO PUEDE PERMITIR.

Guía para detectar buenas y malas amistades (según yo)

Debo aceptar que no soy la mejor amiga de mis hijas; pero sí, la mejor madre. Me siento orgullosa de que mi Regis y mi Meli hayan sabido elegir muy bien a sus amistades, y eso tiene que ver con los valores que les he inculcado... ¡Y con los amiguitos y amiguitas que les he corrido de la casa, ja, ja, ja, ja!

No están ustedes para saberlo ni yo para contarlo; pero, como mi pecho no es bodega, fíjense que una vez Regis y Meli andaban de allá para acá con una amiguita que a mí nomás no me daba confianza. Y, como suele pasar con los hijos, no escuchan cuando les dices que a una amiguita se le nota la envidia a leguas.

Total, para no hacerles el cuento largo, mis hijas invitaron a la chamaquita esta a un fin de semana en la casa de Cocoyoc. Todo muy bonito, muy *nice*, muy padre, hasta que Meli se dio cuenta de que esta muchachita, al regresar del fin de semana con nosotras, andaba hablando en la escuela pestes de ella, de su hermana, ¡y hasta de mí!

Como yo no soy envidiosa y quiero que seas infalible en detectar a las amistades que sí valen la pena, te dejo esta comparación de buenas y malas influencias para que tu mamá no se vea en la penosa necesidad de correrlas de la casa. ¡Y no me digas que yo no entiendo la vibra! Porque sí la entiendo, y hasta acá veo que debes cambiar de amistades, pero a la de ya.

Amistades buena influencia vs. amistades mala influencia

BUENA INFLUENCIA ✓	MALA INFLUENCIA ✕
EDUCADOS	**MALA VIBRA**
👍 Saludan y se despiden con respeto. «Señora, buenas tardes». «Buenos días, un gusto». «Hasta luego, buenas noches». 👍 Tienen buena plática y son muy naturales al hablar con tu mami. 👍 Caen tan bien que tu mamá les pide que no le hablen de usted, sino de «tú».	👎 Tienen «algo» que no cae bien. Son de sangre pesada. Dan mala espina. 👎 Muestran actitudes envidiosillas e hipocritonas. 👎 Tienen un vocabulario florido. Hablan con una boquita que parecen carretoneros.
PROTEGIDOS	**DESPROTEGIDOS**
👍 Sus papis están al pendiente de ellos. 👍 Los llevan y traen de las fiestas, y los recogen a buena hora. 👍 Sus papás les hablan continuamente para tenerlos *checaditos*.	👎 Ni tú ni tu santa madre conocen a sus papás. 👎 Tu mamá siempre debe llevarlos a sus casas o darles posada luego de las fiestas (son abusivos). 👎 Hacen lo que se les da su regalada gana.
PULCROS	**SUCIOS**
👍 Se visten bien, de acuerdo con su edad y con lo que les queda.	👎 Son muy fachosos para vestir.

- Traen la ropa planchada e impecable. - Siempre huelen rico.	- Se ve que en su casa no les lavan, ni les planchan. - Huelen a humedad o a que recién se levantaron de la cama con lagañas.
AGRADECIDOS	**GORRONES**
- Llegan con un detallito cuando visitan una casa: una gelatina, unas galletitas, un pastelito. - Mandan flores en un día importante para la familia. - Devuelven los favores con creces.	- Desfalcan el refri y la despensa ajena. - Se quedan siempre a desayunar, comer y cenar sin poner un quinto. - Salen a fiestas con el presupuesto que tu mamá te otorgó para tu diversión.
CENTRADOS Y ESTUDIOSOS	**DESMADROSOS**
- Saben muy bien a lo que se quieren dedicar. - Tienen muy claros sus objetivos en la vida. No han terminado la prepa, pero ¡ya están pensando hasta en la maestría! - Forman parte de la escolta, del cuadro de honor y reciben diplomas y medallas.	- No tienen ni idea de lo que quieren hacer con su vida. - Sonsacan a otros para todo lo que implique vagancia. - Parece que vivirán del dinero de sus papás todita la vida.

Yo solo les digo ¡aguaaaaaaaaaaaas! Acuérdense del refrán: «El que con lobos anda, a aullar se enseña» (otra gran enseñanza de doña Evangelina Acampa De Bages).

Hola, somos Regina y Melissa. Las hijas de Carito Acampa, la mamá más popular de las redes. Aunque ustedes la vean toda linda, amable y chistosa, tiene un carácter que nos saca de onda muy cañón. A veces nos toca unirnos como hermanas para que le baje, neta, dos rayitas a su intensidad. Así que aquí andaremos dando lata a lo largo de estas páginas, sobre todo cuando nuestra mamá diga algo que esté supercancelable y mal. Esperamos que los tips que nos han ayudado a sobrevivir a nuestra madre también te sirvan con tu propia Carito Acampa.

Básicos de Regina y Melissa para pedir un permiso

Si tienes mil ganas de ir a una fiesta, irte de fin de semana o salir con tus amigos, y así... te dejamos los básicos para pedir un permiso. *Lit*. estos tips tienen un 99% de efectividad, siempre y cuando agarres a tu mamá de buenas, descansada o tipo haciendo algo que la tenga distraída. ¡Lo vas a lograr!

1. Muestra interés por lo que hace. Si tu mamá está viendo la tele, haz comentarios positivos sobre lo que ve. Ejemplo: «Qué padre, ma, amo las telenovelas turcas. Tienen muy buena trama. ¿Quién es ella, es la villana?».
2. Hazle varios cumplidos. Resalta su belleza o haz algún comentario que la haga sentir bien. Ejemplo: «Te quedaron muy bonitos los rayitos que te hicieron en el salón, ma».
3. Destaca tus méritos. Resalta los méritos que has hecho para conseguir el permiso. Ejemplo: «Ma, ¿viste que arreglé tus *tuppers* por colores, tamaños y formas, y también que casi no he salido y me he portado bien?».
4. Pide permiso. Habla con seguridad y presenta las ventajas que obtienes al conseguir esa salida. Ejemplo: «Ma, ¿me dejarías ir al Halloween de Marijó? Va a estar incre, porque al mejor disfraz le van a dar de premio una Thermomix y quiero ganarla para ti».
5. Haz promesas a futuro. Para reforzar la petición, debes prometer algo a cambio (aunque sea casi imposible). Ejemplo: «Ma, si me dejas ir, te juro que te acompaño a hacer el súper cada fin de semana», «Ma, si me dejas ir, te prometo que te hago piojito y masaje de pies mientras ves tu novela turca».

Si después de estos básicos no conseguiste el permiso, pídele a una de tus amigas —quien mejor le caiga a tu mamá— que sea tu cómplice.

¡Ojo! Se puede enojar mucho, así que trata de que sea tu último recurso.

Te dejamos un guion para que lo ensayen antes, con todo y las respuestas típicas que te podría dar tu mamá.

Marijó: Holaaaaa, señoooraaaa, ¿cómo está?

Caro: Hola, Marijó, me agarraste en pijama, ¡qué pena! ¿Cómo están tus papis?

Marijó: Superbién, le mandan muchos saludos. Oiga, quisiera ver si le da permiso a Regina de ir a mi fiesta de Halloween. Va a estar megatranqui.

Caro: ¡Ay!, me da pena Marijó, pero tu amiguita no se ha portado nada bien. Yo creo que en esta ocasión no le voy a dar permiso.

Regina: ¡Ay, maaaaa, porfa!

Caro: ¡YA DIJE QUE NO!

Marijó: ¡Ay, dele permiso, porfa!

Caro: No, Marijó. Perdón, corazón, pero tu amiguita es una calamidad y es muy desobediente. Tú sí le haces caso a tus papis, ¿verdad?

Marijó: Este... o sea, sí...

Regina: Entonces, ¿sí me das chance, ma?

Caro: Pues ¿qué te digo?, tú te mandas sola...

SEGUNDOS MÁS TARDE...

Caro: Reeeeeegiiinaa, ven, por favor.

Regina: ¿Qué pasó?

Caro: Es la última vez que me traes a esa pinche escuincla para pedir permiso.

Regina: ¡Ma, te va a escuchar!

Caro: ¡ME VALE MADRES!

Calificando a los pretendientes

Pásale el libro a tu mamá, porque esto le interesa. En la bolita de amiguitos y amiguitas que tienen nuestros hijos, siempre están los yernos o las nueras en potencia. Sé que mis monstruas ya están grandecitas y son capaces de decidir con quién estar, pero no está de más darles una ayudadita.

¡Cómo me hubiera gustado casarme con el pretendiente millonario que tuve en la prepa! Era un español guapísimo, educadísimo, varonil, con tal porte el cuate... Y andaba cacheteando las banquetas por mí; pero, en ese entonces, yo estaba enamorada por tonta del méndigo pelón que después terminó siendo mi esposo... ahora exesposo.

Lo más importante de la pareja que elijan nuestros hijos es que los respeten, los traten bien, los quieran mucho y que nunca los obliguen a hacer algo que no quieren. Sin embargo, aquí tengo una lista de pros y contras que en lo personal, yo, Carolina Acampa, tomo en cuenta para calificar a cualquier pretendiente. No es ley, ¡¿eh?!

PARA BUSCAR YERNO

- ✔ Apellido rimbombante o de alcurnia
- ✔ Galán, que esté de buen ver
- ✔ Espléndido
- ✔ Muy estudioso
- ✔ Muy trabajador
- ✔ Que se vista decentemente
- ✔ Buen corte de pelo: casquete corto, de preferencia
- ✔ Sin barba

- ✖ Sin *piercings*
- ✖ Sin tatuajes
- ✖ No greñudo
- ✖ No fachoso, ni zarrapastroso
- ✖ No adefesio
- ✖ No chaparro
- ✖ No gordo
- ✖ No huevón
- ✖ No mantenido
- ✖ No celoso, ni posesivo

¡Mamá, no hay que criticar el cuerpo de los demás!
Atte.: Regina

PARA BUSCAR NUERA

- ✔ Con un nombre común, bonito y en castellano
- ✔ Que esté mona
- ✔ Detallista

- ✔ Con un talento artístico
- ✔ Que se vista acorde con su edad y tipo de cuerpo
- ✔ Deportista
- ✔ Estudiosa
- ✔ Chambeadora
- ✔ Dedicada
- ✔ Alegre
- ✔ Vivaracha

- ✖ Sin *piercings*
- ✖ Sin tatuajes
- ✖ Sin cabello de colores
- ✖ No huevona
- ✖ No comodina
- ✖ No mandona
- ✖ No vulgar
- ✖ No tóxica
- ✖ No gorda

Mamá, ¿no entiendes?
Atte.: Melissa

Ma, no está padre juzgar a nuestros amigos o pretendientes por su apariencia. Tampoco está *cool* fijarse en cosas superficiales. Obvio, mis gustos no van a ser iguales a los tuyos, y chance me equivoque algunas veces. Prefiero que te des el tiempo de conocerlos y de alertarme, neta, cuando de verdad algo me esté dañando. Además, ¿de qué te estás quejando si tú te casaste con mi papá?

Ya no hagas corajes

Vivir agarrada del chongo con los hijos es muy desgastante. Un pinche coraje y se te llena de piedras la vesícula, se te sube la presión, te sueltas del estómago... Yo ya no estoy para esos trotes, por eso he optado por tomarme mis pastillas de *valemadrina* y hacerme la loca cada vez que mis hijas se empiezan a alebrestar.

Si tu mamá, como yo, aplica estas técnicas infalibles, detéctalas a tiempo para evitar una regañina de tres días. ¿Para qué quieres arruinarte el fin de semana? Ahí te van.

1 USO DE LA MIRADA FULMINANTE

Este regaño silencioso es efectivísimo, sobre todo cuando una está en público. Basta con escuchar que los hijos van a empezar a rezongar o a salir con un chistecito que te enerve para que, en ese instante, voltees sutilmente el cuello en un ángulo de 17 grados (más menos), bajes el mentón unos 3.4 centímetros y les eches esos ojos de pistola que equivalen a que les sorrajemos un sopapo bien dado.

2 HACER RUIDO POR TODA LA CASA

Los chancletazos, las nalgadas y el cinturonazo son prácticas de la vieja escuela. La táctica que yo uso no implica contacto físico. Aplicarla es ideal cuando los hijos no tienen ganas de cooperar y se quedan sentadotes, dormidotes y de baquetones. ¡Que se activen! Empieza a recoger las cosas haciendo una escandalera al guardar los trastes, avienta con fuerza escobas y trapeadores al cuarto de tiliches, levanta su mugrero tirándolo *accidentalmente* a la basura y finaliza tu *performance* con un azotón de puertas.

3 AMENAZAS DRAMÁTICAS

Cuando los hijos se pongan como perros y gatos a pelear, obsérvalos en silencio y a distancia. Ya que los *perros* hayan terminado de echarse su *round*, tienes que confesar con sentimiento que has estado pensando en irte lejos; que no vas a decir adónde; que tú no estás para vivir en un manicomio; que no van a saber de ti, pero deseas que Dios los ampare y que ojalá algún día puedan llevarse bien como hermanos(as). Para que haga efecto inmediato, yo termino el discurso con otra gran enseñanza de mi mami: «Ustedes van a ser su única familia cuando yo ya no esté». Si es posible, sal de la casa por un momento (aunque solo vayas a la tienda); cuando regreses (ya con galletas Pastisetas en mano), les preguntas qué sintieron y qué van a hacer cuando les faltes. ¡Nunca falla!

4 EL SUTIL ARTE DE IGNORAR

Esta táctica aplica cuando las criaturas se quejan de lo injustas que somos las madres, sea cual sea el motivo. Mientras escuchamos la misma cantaleta de siempre, nos ponemos en modo avión, miramos un punto fijo y hacemos como que la Virgen nos habla. A cada cosa que digan los escuincles, respondemos con «Ajá… ajá… ajá… ajá… ¿qué? Aaah… pásame el "deste"… ajá… ajá… ajá… ándale. Sí… ajá… ¿ahora yo soy la del problema?». Ya que los notemos impacientes y derrotados, podemos finalizar con un «Mira, al rato hablamos». ¿El secreto? Intentamos que esa conversación nunca se lleve a cabo, y que soporten.

5 REPITE TU MANTRA FAVORITO

En medio del despapaye que traigan tus hijos, respira profundo, cuenta hasta diez y enuncia con toda tu fuerza el mantra que más te tranquilice. Si tienes inciensos a la mano para mejorar la experiencia, estaría padrísimo. Por ejemplo, mi mantra favorito es este:

¡¡¡CON UNA CHINGAADAAAAA, YAAA, CARAAJOOOOOOOOOOOOOO!!!
¡¡¡REEGIIINAAA!!!
¡¡¡MEELIIISSAAA!!!

ACTIVIDAD

Mi mantra favorito

Ahora sí, amiga, desahógate. Deja que tu mamá escriba su mantra favorito en este espacio:

La edad de la punzada

Cuando los hijos ya llegaron a la edad de la punzada, es una obligación estar vigilándolos más que cuando aprendieron a caminar y, como dicen por ahí, ¡a las mamás nos toca apechugar! Te cuento que mis hijas, aunque son buenas chavas, obviamente ya sienten esa *cosquillita* por probar las mieles del amor, pero también están expuestas a los vicios y se están enfrentando a cambios de humor muy gruesos.

Mi manera de estar al pendiente de ellas en estas situaciones delicadas es ser directa y hablar sin pelos en la lengua. Yo no les voy a decir que los niños vienen de París, pues sé perfectamente que los noviecitos de ahora ya no son de manita sudada.

Por eso te dejo por aquí algunas frases y preguntas *al estilo Carito Acampa*, para hacer de las pláticas sobre temas delicados algo tan incómodo que prefieran portarse bien toda su vida.

Para cuando los hijos anden descubriendo cositas... (tú me entiendes)

—¿Ya tuviste relaciones? Ah, qué bien, ¿y ya te sabes lavar los calzones?
—¿Me quieres convertir en abuela pronto?
—No me vayas a salir con tu domingo siete.
—¿Llevas *globito* para la fiesta?
—¡Cuídate y siempre usa condoncito!
—¡Piensa con la cabeza y no con la cola!

TIP CARITO ACAMPA. Cuando tu hija invite al noviecito y se les ocurra meterse al cuarto, pídeles encarecidamente que dejen la puerta abierta. Si se dan un encerrón, llámala discretamente y pídele que se cambien a la sala (o a cualquier lugar visible de la casa); si no quiere que le corras al chamaquito en cuestión, ¡que respeten, tu casa no es motel de paso!

Para cuando los hijos te digan que les gusta la fiesta...

—Si quieres ponerte tu primera borrachera, que sea aquí en la casa...
—A ver, sóplame...
—¿Tus amiguitos *se las truenan?*
—¿Quieres terminar como pordiosero?
—¿No te sabes divertir de otra manera?
—Acuérdate, empiezas con el cigarrito y después quién sabe qué cochinada andan quemando: una cosa te lleva a la otra.

TIP CARITO ACAMPA. Si quieres evitar que tus hijos salgan de fiesta cada fin de semana, cuéntales la historia de ese pariente muy muy lejano (uno que ellos no conozcan) que terminó solo y en la calle por su vida nocturna. Mientras más trágica la historia, mejor va a funcionar. Es más, si quieres echarte un par de capítulos de *La rosa de Guadalupe* para agarrar inspiración, te doy permiso.

Para cuando los hijos se sientan «mal»... (tú me entiendes)

—¿Te sientes deprimida?
—¿Qué te falta si lo tienes todo?
—¿Andas hormonal o traes otra cosa?
—La mejor terapia es estar ocupada.
—¡No te preocupes, mejor ocúpate!

TIP CARITO ACAMPA. Si ves que a tus hijos ni el sol los calienta, acércate a ellos y sugiere llevarlos a terapia, ya ves que está «de moda». Así van a tener con quién hablar mal de ti y les ayudarás a superar los dizque traumas que les provocaste por amarlos tanto. ¡Vete tú a saber!

¡Ay, mamá! La terapia no está «de moda». La salud mental es algo que todos necesitamos atender, ma. Es un tema megaserio, así como la sexualidad y las adicciones. Deconstrúyete, ma. Porfa.

La señora viajera

Me encanta andar de pata de perro, ya que los viajes son mi pasión. Me gustaría hacerlo con más frecuencia, pero a veces me tengo que esperar a que las vacaciones de mis hijas coincidan con las ofertas, porque ellas solo se desocupan en temporada alta y, pues ¡me pasan a *jorobar!* A mí me gusta viajar, aunque sin gastar un dineral.

ACTIVIDAD

Bingo de la señora viajera

A continuación, te dejo una lista de cosas a considerar en todo viaje. Marca los círculos con los números que coinciden con tu forma de viajar. Vamos a ver qué tanto nos parecemos tú y yo.

1. Haces dos comidas para ahorrar; o bien, les pides a tus hijos que desquiten el precio del bufet.

2. Levantas temprano a todas las personas con las que viajas para que puedan aprovechar el día.

3. Cuando vas a la playa, nunca pierdes la oportunidad de advertirles a tus hijos que el mar es «traicionero» y que «hay que tenerle respeto».

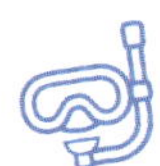

4. Si visitas una playa que no sea mexicana, recalcas que «está bonita, pero las playas de México no le piden nada a cualquier otra del mundo».

5. Te tomas fotos al lado de una buganvilia o jacaranda frondosa; o bien, junto al árbol típico del lugar que visitas.

6. Si visitas provincia, te desesperas, porque todo lo hacen más lento y te atienden con una caaaaaaalma...

7. Te llevas las muestras de champú, acondicionador y cremita de los hoteles, y ya hasta tienes una colección en tu casa (total, ya pagaste por ellas).

8. Si vas a un Pueblito Mágico, te tomas fotos en las letras tridimensionales colocadas en el sitio más emblemático del destino turístico; así, la gente que vea tus fotos en el feis ubicará más fácil adónde fuiste.

9. Las cosas que más te gustan de los hoteles todo incluido son el desayuno bufet, los cocteles ilimitados y los *shows* nocturnos.

10. Has tomado clases de *aquaerobics* con los animadores del hotel.

11 Se te pegan los acentos dependiendo de la localidad que visites.

12 Cuando visitas el viejo continente, sueles decir que te fuiste de viaje «a las Europas».

13 Llevas alguna blusa o vestido típico mexicano para que chuleen tu atuendo en el extranjero.

14 Te encabrona que tus hijas terminen con los pies ampollados cuando les repetiste hasta el cansancio que hormaran sus zapatos antes de viajar.

15 Terminas documentando una maleta extra porque no te caben todos los *souvenirs* que compraste.

16 En el aeropuerto te han quitado productos prohibidos: desde un champú que excede los mililitros, hasta un queso apestoso.

17 Te gusta tomar todo tipo de *tours* en autobuses turísticos, porque así conoces y no te cansas.

18 Te gusta hacer videos de los lugares que visitas explicando su historia y cultura.

19 Abres un grupo de WhatsApp exclusivamente para enviar fotos y videos del viaje; no importa que los contactos que agregaste al *chat* no se conozcan entre ellos, ¡tú eres la estrella!

20 Visitas todas las iglesias posibles antes que cualquier otra atracción turística.

Bonus

What's in my bag

VERSIÓN CARO ACAMPA

La bolsa de mano que necesitas para todo viaje.

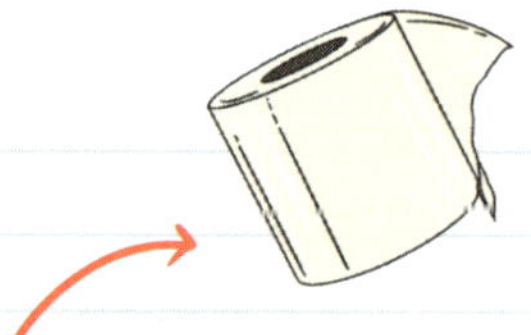

Rollo de papel de baño (a los hijos les gana en cualquier lado)

Fotos tamaño infantil de todas las etapas de tus «monstruos»

Estampitas de santitos

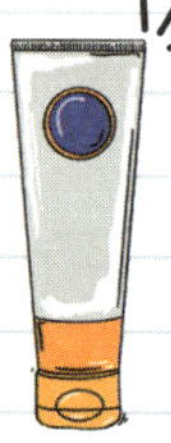

Bloqueador solar

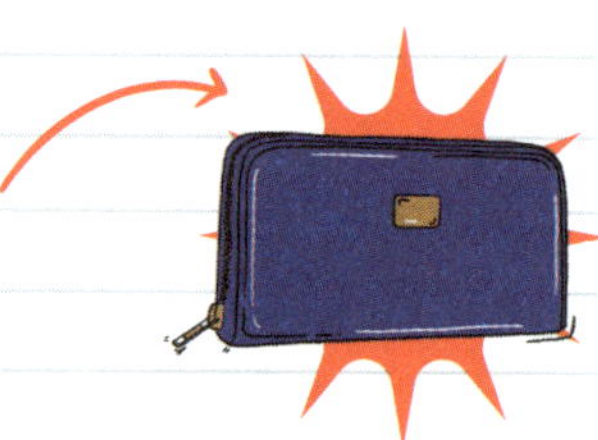

Cartera tamaño ladrillo

Las llaves de tu casa

La **única llave** del cuarto del hotel

Chocolatito aplastado y derretido

Mazapán

Volantes, folletos y propaganda de todo tipo

Árnica

Monedero con morralla (para una propinita)

Abanico (para el bochorno)

Estuche de lentes

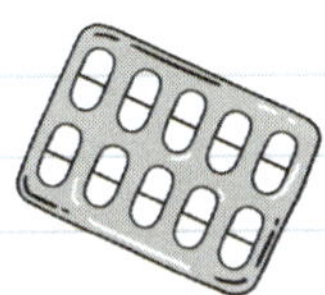

Blísteres de pastillas con omeprazol, ibuprofeno, ketorolaco, naproxeno y antidiarreico

Espejito roto

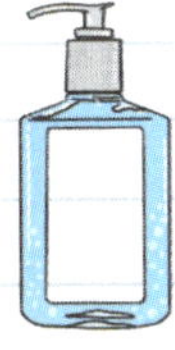

Desinfectante de manos

Llavero tipo sonaja con llaves de la casa, del zaguán, de la jaula de tendido, del cuarto de servicio, de la zotehuela, de la bodega, del coche

Barniz de uñas rojo

LAS HERENCIAS DE LA

FAMILIA

CAPÍTULO 2

FAMILIA, ETIQUETA Y LA HERENCIA

Hace poco asistí a una plática en la parroquia de mi colonia, denominada «La familia: la base de la sociedad». ¡Qué cosa! Salí con una nueva visión; me cayeron muchos veintes, varias pedradas, y me di cuenta de que ciertamente la familia, además de ser la base de la sociedad, forja nuestra personalidad y nos hereda creencias, valores, cualidades, defectos y, si tienes suerte, ¡hasta un terrenito!

El árbol genealógico

Quiero presentarte a una parte de mi familia para que sepas un poco sobre mis orígenes y conozcas quiénes son los culpables de haber heredado este carácter de la chingada que me cargo, además de otros atributos, como estos ojos pizpiretos, estas piernas torneadas, esta barba y la cinturita de avispa que, desafortunadamente, desapareció cuando mis hijas nacieron, aunque ellas no la heredaron.

de Carito Acampa

SIMONETA DE BAGES (ABUELA MATERNA)

Mı abuela era una española muy trabajadora y muy sabia, aunque no estudió. Tenía mucho carácter, ¡era cabrona! Batalló muchísimo para sacar adelante a su única hija: mi mami Evangelina. Mi abuela tenía ¡unas manos!... Tejía unas preciosas mantillas con deshilado, bordaba en punto de cruz, cosía muy fino. Era todo un estuche de monerías. De ella heredé los ojazos, aunque los de ella eran de color azul agua, pero la mirada y la forma almendrada son igualitas a las de ella.

Su frase célebre: «Haz el bien sin importar a quién».

AGUSTÍN ACAMPA (ABUELO MATERNO)

Este viejito, jijo del *mais*, era tremeeeeeeeendo. Solo enamoró a mi abuela, la embarazó y siguió regando hijos por el mundo. Era muy mujeriego y le gustaba mucho la copita. Conoció a mi abuela en un teatro donde ella hacía vestuarios. Mi abuelo era cantante, y como todo buen artista, llevaba una vida bohemia y sin responsabilidades. Dios lo perdone y lo tenga en su Santa Gloria. Aunque no lo conocí, de él heredé la vena artística.

Su frase célebre: «Vive y deja vivir».

EVANGELINA ACAMPA DE BAGES (MAMÁ)

¡Ay, mi mami! Una señorona en toda la extensión de la palabra, pero ¡más terca que una mula! Mi mami ha sido el pilar de la familia Acampa. Madre de 3 mujeres y 2 varones. Una espléndida ama de casa y administradora del hogar. Se desempeñó como catequista durante muchos años en la Iglesia de la Santa Cruz y siempre le encantó hacer labor social. Gracias a ella y al trabajo de mi padre, pudimos tener solvencia y momentos muy bonitos en familia. De ella heredé tooooodo, ¡soy su calca!

Su frase célebre: «Como me ves, te verás».

PEDRO ROBLEDO ALCÁNTARA (PAPÁ)

Mi papá fue un hombre muy recto y de carácter. Un destacado ingeniero petrolero que trabajó toda su vida para Petróleos Mexicanos, donde tuvo una de las mejores plazas. Fue muy reconocido y querido en el ámbito. Fue un padre ejemplar, un gran proveedor, muy disciplinado, un tanto cuadrado y poco afectuoso. No obstante, nos cumplía todos nuestros caprichitos a mis hermanos y a mí. Nos dejó muchos recuerdos lindos y una herencia que actualmente nos estamos peleando.

Su frase célebre: «Hombre prevenido vale por dos».

IGNACIO Y AGUSTÍN (HERMANOS)

Estos malagradecidos ya ni se acuerdan de una. Son mis hermanos mayores. Se fueron a estudiar muy chavos al extranjero, agarraron sus chivas, se fueron de México y ni adiós dijeron. Ambos tienen puestazos en el sector automotriz de Alemania y ya son más de allá que de acá. Los veo muy poco, ya se hicieron fríos como los europeos y, honestamente, no hay una relación cercana con ellos.

Su frase célebre: «De los parientes y el sol, entre más lejos, mejor».

RAQUEL (HERMANA)

Raquel es una persona complicada. Ella es economista, una mujer muy preparada, pero de qué le sirve tanta preparación si tiene un carácter de la chingada, pues nada le parece y todo es un problema para ella. Es una fumadora empedernida. Fuma como chacuaco, ¡como si tuviera un hijo en la cárcel! De joven era simpatiquísima, guapa, alegre, cotizada; tenía una chispa que qué bruto, pero quién sabe qué mosco le picó que se amargó la vida para siempre.

Su frase célebre: «¡No chingues!» / «¡Dejen de estar chingando!».

MARCELA (HERMANA)

Marcela es la más chica de los Acampa Robledo. Fue el pilón de la familia. Tiene 43 años y es una chava muy a todo dar, pero también muy comodina. Estudió Pedagogía, es solterona y casi toda su quincena se le va en sus cinco perrijos; se desvive por ellos como si fueran chamaquitos. Con mis hijas se lleva de maravilla. Es medio alcahueta y las solapa un chorro, pero debo reconocer que me ha ayudado mucho con ellas.

Su frase célebre: «Cuéntame, mi amor. ¿En qué te ayudo?».

OSCAR, ALIAS EL PELÓN (EXESPOSO)

Este sujeto, a quien toda la familia conoce como «tu tío, el Pelón», fue mi esposo por 20 años. Yo me casé muy joven y no vi las *red flags*, como dicen los chavos de ahora. Yo soy una dama y no voy a hablar mal de él, sobre todo porque es la adoración de mis hijas. A su papito ni se lo tooqueeeeeen. Es un santo para ellas. No le deseo el mal, pero se ha avejentado muchísimo y se ve muy acabado: panzón, pelón, arrugado, ¡parece viejito! Qué pena, porque era guapísimo.

Su frase célebre: «Nada más me ven cara de cajero», pero qué le hace si es bien codo. ¡Ay bueno!, dije que no iba a hablar mal de él.

LA GÜERA ESA, BERENICE (NOVIA DEL PELÓN)

Discúlpenme, pero ¿de dóóóóónde la sacó? Pensé que mi ex tenía malos ratos, aunque no malos gustos. Perdónenme, a leguas se nota que está operadísima. Bueno, siempre hay un roto para un descosido. Con todo respeto, parece que está con el Pelón nada más por su dinero, pero cuando se dé cuenta de que está más endeudado que cuando era un chavito, a ver si mucho amor.

Su frase célebre: «Yo soy una mujer de alto valor».

MELISSA Y REGINA

Mis *monstruitas* son un encanto. Me ponen los pelos de punta cada vez que salen con sus chistecitos. Me enerva cuando están de huevonas. No las soporto cuando se agarran del chongo. Me dan ganas de mandarlas lejos cada vez que me piden un permiso, pero aun así las amo, porque, lo que sea de cada quien, son buenas chavas y son la luz de mis ojos.

Su frase célebre: «Ma, ¿nos dejas ir a la fiesta de Marijó?».

Bonus

CHISMECITO DE LA HERENCIA

Actualmente, las hermanas Acampa Robledo estamos en una situación intensa: la herencia. ¡Qué tristeza que la ambición pueda separar familias, caray!

Mi hermana Raquel es la que se está poniendo más enérgica con esta situación. Sus argumentos son que ella es quien ha estado al pie del cañón con mi mamá por muchísimos años, que la aseguró con gastos médicos mayores y que siempre ha visto por ella. Pero ¡que no joda! Ella fue la única que se fue a estudiar al extranjero y mi mami se las vio negras por su culpa.

Por otro lado, mi hermana Marcela es *matalascallando*. Dice que no le interesa la herencia, pero se hace la sufrida porque gana poco, no tiene marido o está sola. Dice que no tiene problema en cuidar a mi madre, siempre y cuando se le remunere. ¡Hazme el chingado favor! ¡No se vale! No se acuerda que mi mami se desvivió por cada una de nosotras cuando éramos jovencitas. Y bueno, de mis hermanitos que ni viven aquí, ni hablar...

Lo único que pido es que se nos reparta por igual si somos cinco hermanos. Yo quiero lo justo y a los cinco nos debería de tocar lo mismo. Yo no quiero pelear, porque de esta vida te vas y no te llevas nada. ¿A poco te vas a llevar tus bienes a la tumba? ¡Por supuesto que no! Aunque, claro, hay que reclamar lo que es de uno y no dejarse de nadie. Y ni modo, «a soportar», como dicen mis hijas de repente.

Una telenovela en cada reunión familiar

En todas las familias hay broncas y la mía no es la excepción; ninguna es perfecta. Cuando hay reuniones, todas las personalidades salen a flote y es muy probable que surjan pleitos de a gratis que bien podrían prevenirse.

Para que estés a las vivas, te comparto mi «Parientómetro», así podrás detectar a tiempo a esos parientes incómodos. En la siguiente comida que se organice en tu casa o en la de tu mami, ya sabrás con quién puedes lidiar y a quién, de plano, debes poner en la lista negra. ¡Aguas!

El parientómetro

Nivel de peligrosidad:

ALTA = Córrelos de tu casa y ponlos en la lista negra.
MEDIA = Páralos en seco si se meten contigo o con tus invitados.
BAJA = Puedes lidiar con ellos e ignorarlos olímpicamente.

TIPO DE PARIENTE	NIVEL DE PELIGROSIDAD
El Transformer. Es ese pariente que, según su criterio, es un pan de dios, pero se toma unas cuantas copas y empieza a insultar, encuerarse, pelearse y hacer todo un desmadre.	
El Pezuñas. El que va a ver qué saquea de tu casa. Puede ser desde un simple *tupper* hasta tus más preciadas joyas.	
Los Exhibicionistas. Esa parejita que no deja de besuquearse frente a todo mundo y baila muy pegado y vulgar. Los protagonistas de estos desfiguros casi siempre son tu sobrina(o) adolescente o tu primo, el que se acaba de divorciar y ya tiene nueva novia.	
El Ojo Alegre/Rabo Verde. Además de ponerse hasta las trancas, es ese personaje que empieza a coquetearle a media fiesta sin importarle si les tira los perros a sus propios parientes.	
El Tacaño. El que aplica la ley del mínimo esfuerzo, llega con las manos vacías, siempre dice no tener ni un centavo, pero, eso sí, ¡llega en su camionetón último modelo!	
El Ventajoso o Gorrón. El que llega con sus propios cuates, parientes políticos y jala hasta con el perico aprovechándose de tu reunión.	
El Entrometido. Ese pariente que se mete con las reglas de tu casa, con la educación que le das a los hijos y que tiene una opinión no pedida para todo. Es arribista y está al pendiente de las polémicas familiares, como la herencia y la repartición de terrenos, aunque a él no le vaya a tocar nada.	

La Oveja Negra. Es aquel pariente que tuvo un pasado oscuro. Es poco querido e incomoda a varios de los presentes. También puede ser tu sobrina la tatuada que quiere estudiar música, o tu sobrino con *piercings* en los pezones.	
El Pesado. Ese que se pone parlanchín y necio, te hace los mismos chistes, te repite las mismas historias y, nada más de verlo, cae gordo.	
El Intrigas. Aquel que generalmente recuerda momentos incómodos y los tergiversa poniendo en predicamento a los invitados. Él cree que está en plena rutina de comedia, pero da pena ajena.	
El Presumido. El que te cuenta, sin que le preguntes, cuánto gana, qué compró, a dónde se fue de vacaciones y la manga del muerto.	
El Chismoso. El personaje más emblemático de toda familia. Generalmente es una tía que platica bien sabroso, pero mientras no haga un chisme sobre ti, la puedes tolerar.	

Etiqueta y buenos modales en las reuniones familiares

Mi mami siempre nos ha pedido estar unidos como familia y, aunque ponernos de acuerdo es todo un merequetengue a veces, intentamos reunirnos para cumplirle ese deseo.

Por lo general, los Acampa Robledo nos juntamos en mi casa cuando hay una celebración importante, porque yo soy la única taruga que organiza los eventos de la familia; los demás nada más llegan a poner sus asentaderas y a tragar con singular alegría.

Si, al igual que yo, tú eres una santa, te dejo los básicos a considerar para que sobrevivas al paquetote de hacer una pachanga y tus invitados no anden después de criticones. Serás la anfitriona ideal, hazme caso.

LA COMIDA Y LA BEBIDA

Avisa que «es de traje». ¡Pon a tus parientes huevones a cocinar o que compren algo, mínimo! Que no se hagan guajes con el clásico «Yo llevo los desechables o los refrescos». ¡No! Pídeles un platillo rico, rendidor y, de preferencia, que no venga echado a perder. Mínimo que traigan un pollito rostizado.

⚠ **ALERTA**. Pide, por favor, que cuando se termine su comida, no olviden sus ollas o *pírex* donde trajeron el platillo. Si sobra y quieren llevarse itacate, ¡por ningún motivo prestes tus *tuppers*!, para eso saca tu colección de recipientes reciclados de crema o yogur.

Un trompo. ¿A quién no le gustan los tacos? Yo recomendaba mucho el trompo del Hostal de los Quesos, pero ya no tiene el mismo sabor, bajaron de calidad. Escoge el trompo de tu elección, pero cuida mucho que no te vayan a dar carne hedionda o que venga muy condimentada, porque luego todos andarán de pedorros en tu sala o a la abuela le puede caer mal.

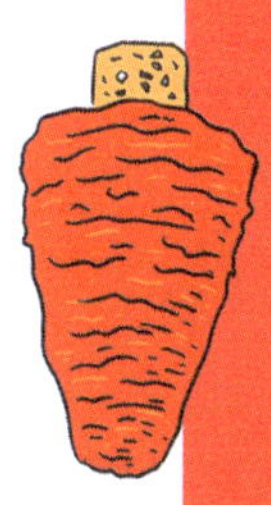

⚠ **ALERTA**. Un trompo es muy rendidor, pero adviérte que es probete y no traguete, porque luego se sirven como si no hubiera mañana (mi concuño Gustavo traaaaaaaaaga, que qué bárbaro. Le empaca durísimo. No tiene llenadera).

La taquiza. La vieja confiable. Es ideal para que des variedad en tus comidas y todos queden contentos, porque ya ves que no se le da gusto a nadie, pero con la taquiza sí es posible.

⚠ **ALERTA**. Siempre ofrece un antiácido o sal de uvas, porque luego caen muy pesados los guisados; el chile pasilla da unas agruras tremendas. Y, ojo, hay que cuidar mucho a los adultos mayores cuando le entran a la taquiza porque su estómago ya es muy delicado.

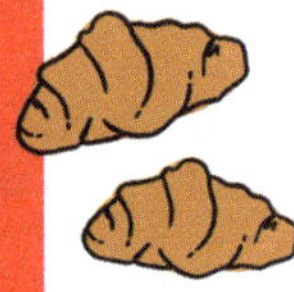

Bocadillos. Esto aplica para una reunión más pequeña, donde ofrezcas un rico ambigú, como dice mi mami. Nosotros siempre hemos pedido de la panadería Lecaroz: hojaldritas de mole, volovanes con ensalada rusa, cuernitos con jamón y queso, rollitos de pan de molde, etcétera.

⚠ **ALERTA**. Los bocadillos son engañosos y puedes comerte 100 de una sentada sin darte cuenta. Supervisa la cantidad que tus invitados ingieren, porque luego parecen barril sin fondo. Precisamente mi mami se comió unas hojaldras de mole y con eso tuvo para ponerse malísima. Le dio un córrele que te alcanzo terrible y se perdió la reunión por andar pegada al inodoro; por poco termina en el hospital. Afortunadamente, intervine a tiempo y le pedí a la enfermera que la subiera al cuarto a recostarse y le diera un cuartito de midopalmina. Verás tú que fue santo remedio.

Cena navideña o de Año Nuevo. Si eres de las mías y te avientas tooooooooooda la cena para estas festividades, te recomiendo que no lo vuelvas a hacer, jo, jo, jo. Pero sé que eres necia y, como nadie tiene tu sazón para esas piernas adobadas, ese pavo relleno o la ensalada de manzana con pasas (aunque Regina y Melissa la odien), te vas a chutar todito el desmadre navideño cada año. ¡Ay, si no te conociera!

> ⚠ **ALERTA**. Lee bien: yo, Carolina Acampa, te doy permiso para ya no hacer romeritos ni bacalao, mejor cómpralos, porque es una friega estar quitándole las espinas al bacalao y una verdadera chinga limpiar los romeritos. Y si alguien pregunta, miénteles y diles que te la pasaste en friega toda la tarde para los *tuppers* que llevaste de comida.

La bebidita. Aquí sí cada quien que traiga lo que quiera tomar, porque a mí no me gusta patrocinarle la peda a nadie. Si acaso pongo unas cervecitas, un vinito, un clericot, un Baileys, un anís chinchón para el desempance, y ¡párale de contar! La bebida es para acompañar, no para ponerse hasta las manitas.

> ⚠ **ALERTA**. Escóndele las botellas al familiar que le gusta la copita o dile de plano «Ya párale, mano... Esto no es cantina». Haz que respeten tu casa.

MÚSICA Y DIVERSIÓN

El tecladista o conjunto versátil. Contratar música en vivo siempre les da otra onda a las reuniones. Nos encanta amenizar las fiestas de esta manera, porque traen un repertorio muy variado y animan mucho a los invitados.

> ⚠ **ALERTA**. En ocasiones el tecladista puede ser muy picado y abusar del tiempo o del presupuesto. También

es posible que sea muy desafinado o que su repertorio traiga canciones del año del caldo. Busca uno que esté actualizado con la música del momento y que traiga temas de Yuridia, Yuri, Lupita D'Alessio y Donna Summer. ¡Uy!, la nueva que me gusta. Regina, ¿cómo se llama?

La canción a la que se refiere mi mamá es «Debí tirar más fotos», de Bad Bunny.

¡Ay, sí! Esa, ese muchacho tiene buen ritmo.

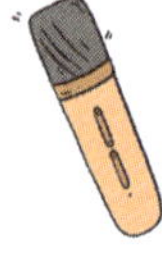

El karaoke. ¡Para mí que es el invento del siglo! Ya no tienes que ir a ningún canta-bar, ahora prendes tu tele, le pones al YouTube, te compras una buena bocina y micrófono, y órale, a echar el palomazo.

⚠ **ALERTA**. Cuídate de los acaparadores del karaoke. Ingéniate una dinámica de turnos o, de plano, busca pistas donde canten a coro o se pueda bailar en conjunto.

El plan bohemio. No falta el tío con la guitarra que se pone a cantar las de Serrat, Mocedades y uno que otro bolero. Este plan es ideal para darles gusto a otras generaciones. Oye, no todo es punchis punchis, ¡pero que tampoco abuuuuse!

TIP «QUÉ AMBIENTAZO» DE CARITO ACAMPA.
Y para que no decaiga el ambiente, recuerda cada 20 minutos echar una porra: «Chiquitibum a la bim bom bá», o aplica el clásico «Chicas del corooooo, wuuuu», o ya de plano el *«Shot, shot, shot»* si hay uno que otro joven en la reunión.

Recuerda que también eres la hija de alguien

Bueno, ya estuve hablando de toda mi familia y es verdad que a veces hay roces, pero si hay alguien incondicional, esa es mi mamita, con todo y que me saque cada susto cuando se empanzona con las hojaldritas de mole, hasta parece que le dio la chiripiorca y se hizo popó. Aprovecho este espacio para agradecerle todo lo que me ha dado. Sin ella, no sería la persona y la madre que soy ahora.

Todas debemos agradecer a nuestras mamás por darnos la vida, porque aprendieron con nosotras a ser madres, batallaron incansablemente para criarnos y se merecen todo nuestro cariño y admiración.

Es por eso que dejo aquí una carta dedicada a ella, quien siempre me recuerda que, antes de ser madre, también soy hija.

Mami:

Primero que nada, yo te agradezco infinitamente por darme la vida. No ha sido sencillo transitar por ella. Me he equivocado como hija, como mujer y como madre, y siempre estoy en constante aprendizaje.

Ahora entiendo cuando me decías: «Cuando seas madre, me entenderás». ¡Cuánta razón tenías, mamita linda! Aunque muchas veces chocamos y tuvimos nuestros altibajos, quiero decirte que yo siempre admiraré tu tenacidad, tu fuerza, tu aguante. Siempre tienes una actitud aguerrida y nunca te has derrumbado.

Quiero pedirte perdón por ser necia en muchas ocasiones o por dejarme llevar por mis impulsos. No supe valorar todos tus consejos, mamita. Por ejemplo, cuando me llegué a escapar de noche con el Pelón. ¡Me hubieras amarrado a la cama, mamita! Pero, bueno, de eso no me arrepiento, porque hoy tengo a mi Regis y a Meli, que son mis adoraciones y, además, tus nietas favoritas.

Hoy te escribo esta carta para que sepas lo mucho que te quiero y admiro. Gracias por tu amor incondicional, por tus enseñanzas y por ser siempre nuestro apoyo. Le agradezco a Dios y a toda la corte celestial que me haya dejado disfrutarte tantos años. Me gustaría que te quedes con estas palabras y las recuerdes, porque como dices tú, las cosas se dan «en vida, hermano, en vida».

Espero que nos dures muchos años más, porque eres el pilar que sostiene a esta familia.

Con mucho amor, tu Carito

ACTIVIDAD

Escríbele a tu mami

Ahora sí, canija, escribe en este espacio lo que le dirías a tu mami, pero no has podido expresarle:

NO ES
LA ROPA
ES LA
PERCHA

CAPÍTULO 3

ESTILO Y GLAMOUR

Para convertirte en una señora elegante, con percha y mucha personalidad no hay que hacer muchos sacrificios, solamente debemos aceptar que estamos en una etapa en donde todo puede favorecernos si nos sabemos sacar provecho.

Aunque ya estoy lejos de mis años mozos (cuando era una varita de nardo), me doy ánimos, luzco mis atributos y me echo una ayudadita para no verme tan jodida. Porque, de verdad, les juro que yo era flaquísima. Eso sí, me niego a ponerme modas de las jovencitas; a ellas se les ven padrísimas, pero yo me vería ridícula.

Yo ya no te uso ropa muy entallada, ni te uso tacón de aguja, ni te muestro mi *pechonalidad* con escotes, con todo y que mi amiga Luly me lleve la contraria y me motive a hacerlo diciendo: «Vístete para que te desvistan», jo, jo, jo. ¡Esa Luly es tremenda!

Si tú estás entrando a la etapa de ser una señorona como yo o quieres obsequiarle algo padrísimo a tu mami, acá te dejo una lista de prendas con las que podrías empezar a pagarle la gran deuda de traerte al mundo.

Prendas que te sacan de cualquier apuro, ¡a wilson!

BLUSA HOLGADA

Este tipo de blusas permite que te sientas ligera y con movimiento, además de ser la prenda por excelencia que aporta formalidad y buen estilo. Ya sea lisa, con estampados de flores, *animal print*, figuras o líneas; amplia, vaporosa, de organza, tul o gasa. La puedes usar para ir a firmar las boletas de calificaciones a la escuela y lucir ecuánime a pesar de los reportes de conducta y las materias reprobadas de tus adorados hijos.

BLUSA TÍPICA MEXICANA

Una de las grandes ventajas de estas blusas es que pones el nombre de México muy en alto y al mismo tiempo te sientes fresca y cómoda. Sus colores y bordados le dan la apariencia de una prenda cara y de alto valor artesanal, aunque hayas regateado al comprarla. Son ideales para usarlas en la playa o en un fin de semana en la ciudad, cuando se pone gruesa la temporada de calor.

CHALECOS Y CHAMARRITAS ACOLCHADAS

Una chamarrita o un chaleco ligero, de corte recto, siempre resaltarán tu atuendo y te protegerán de algún chiflón que se cuele por ahí. Estas prendas las aguantas en interiores y exteriores, en climas fríos y templados. Intenta buscarlas en tonos oscuros y con botonería elegante. Son ideales para ir a un desayunito en una terraza padre, o hasta para ir al cine, donde acostumbran poner el aire acondicionado a todo lo que da. ¡Ya ni la friegan! En Punt Roma hay unos chalequitos muy bonitos.

SUETERCITO LIGERO

Es uno de los básicos favoritos de toda señora que se respeta. Este suéter generalmente no tiene ojales ni botones, viene abierto y es un poco larguito. Es la prenda perfecta para cruzarla por el frente y enterarse de un buen chisme. También funciona si se usa sobre un pants, pijama o ropa de descanso para sumar una capa más de cobertura al atuendo de las señoras friolentas como yo.

PANTALONES CASUALES

Elige un pantalón de tiro alto, o bien, que el tiro no te quede muy justo y te marque mucho la panza; busca uno con una caída bonita y suelta. Los que tienen pinzas te favorecen mucho, porque si eres caderona como yo, te ayudan a disimular un poco las dimensiones. Te ruego que siempre les des su buena planchada y los lleves al sastre para que les haga su debido dobladillo o valenciana. Ojo: cuida que no te los dejen de brincacharcos.

PAÑOLETA O MASCADA

Las pañoletas son sinónimo de elegancia. Las puedes usar al cuello o como listón en el cabello. Personalmente, las uso al cuello para taparme la papada. Si eliges una pañoleta con estampado padre, puedes darle automáticamente un toque de color y textura a todo tu conjunto. Evita usarlas para cubrir los tubos que te haces en el pelo, para secarte el sudor o como trapo limpiador.

PASHMINA

Las *pashminas* son un clásico del guardarropa de señoras como yo. Las hay en muchos tipos de telas, texturas y colores, ya sea con flequillos o brocados muy bonitos. Se pueden usar en un vestido de gala o con atuendo casual, y son ideales para cubrir el gordito de los brazos; o bien, si asistes a un evento y tienes que apartar sillas o lugares, solo es cuestión de que extiendas la *pashmina* y toda la fila de asientos será tuya.

VESTIDO EN LÍNEA «A»

Es el vestido que mi mamá conoce como el «tipo Chanel» o estilo coctel. Son rectos, discretos, y se amoldan a tu figura sin que se te vean muy justos y luego parezcas bóiler. Generalmente llegan hasta la rodilla y puedes encontrarlos con o sin mangas. En ocasiones, hacen juego con saquitos muy formales que le dan categoría de traje sastre. Son ideales para ir a primeras comuniones, bautizos o para firmar el divorcio con el innombrable.

VESTIDO DE ETIQUETA

Es el clásico vestido que usas en las bodas, graduaciones y eventos especiales, en el cual invertiste 278 horas en los probadores de varias tiendas departamentales checando 64 modelos distintos para quedarte con el primero que te probaste. Te recomiendo que elijas un vestido de gala que lleve manguita. Fíjate que tengan detalles como pedrería o encajes discretos y no vulgares. Opta por modelos que tengan fajilla para marcar la cintura y copas para que te levanten la pechuga.

PALAZZO

Si no eres de vestidos, pero tampoco quieres verte fachosa en un evento formal o de gala, puedes usar un palazzo que te saque de apuros. Ahora se les conoce como *jumpsuit*. Intenta elegirlos en tonos oscuros y lisos para que no lo confundan con un mameluco o parezcas integrante de Parchís. Y es muuuuuuy recomendable que el pantalón tenga caída de pata de elefante para dar ese efecto de falda larga.

TENIS *SPORT*

Si las rodillas te fallan, tienes pie plano, problemas con la ciática, callos o juanetes, sabes que ya no estás en edad para usar tremendos zancos. La opción es usar zapatos *sport* o tenis, o, bien, un tacón bajito. Si usas tenis, procura que tengan detalles padres: uno que otro brillito, unos motivos de color —sin que se vean infantiles—, una ligera plataforma y, eso sí, que siempre estén limpísimos e impecables como si fueras a clase de Educación Física.

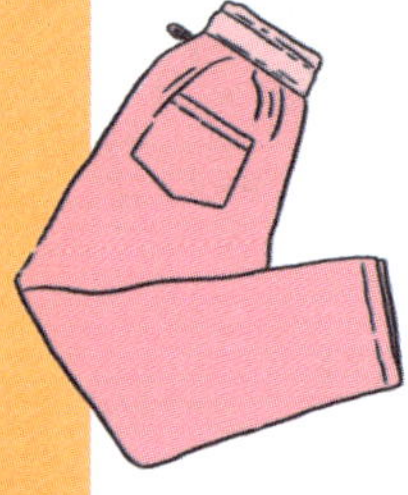

UN JUEGO DE PANTS

Un juego de pants es una pieza básica. Es la prenda de batalla por excelencia. Los puedes usar para los días de talacha, para salir a sacar la basura, para andar de fachas en la casa, para echar la hueva... ¡Ah y para hacer ejercicio! Busca unos pants de algodón que sean frescos y calientitos al mismo tiempo. No te recomiendo comprar pants de marca, porque son *caríííííítsimos* de París. Elige unos que estén padres, pero que tampoco te desfalquen. Oye, ¡ni que fueras a competir en los Juegos Olímpicos!

BOTAS

«Yo no soy muy devota, pero sí soy muy de botas» (ja, ja, ja, chiste de mi amiga Luly). Amo las botas y botines en todos sus estilos. Te recomiendo las de gamuza o piel para que se vea que le invertiste unos buenos pesos al cacle. Ya sean botines, botas largas o botas planas, este tipo de calzado siempre le da mucha clase a tu vestimenta. Ahora que si calzas del *patorce*, elige un modelo de punta más chata para no parecer que le vas a romper la madre a alguien. Evita a toda costa las botas vaqueras y las de charrito montaperros que están tan de moda.

Bonus

LOOK DE PLAYA

Desde que nacieron Melissa y Regina, tiro por viaje íbamos a Acapulco por culpa de un tiempo compartido que nos enjaretó el innombrable de mi exmarido. Debo aceptar que pasamos muchos buenos momentos en ese lugar, pero también eran unas friegas, porque en vez de descansar, una va a joderse al doble con todas las responsabilidades que implica ser una mamá que se hace cargo del viaje familiar.

Sin embargo, para que la playa no se te haga un suplicio como a mí, te recomiendo estas prendas básicas para verte guapísima, **aunque por dentro te esté llevando la chingada**.

- Sombrerote de ala ancha (tu bloqueador solar económico y elegante).
- Visera (tipo de sombrero que te hace ver más *modernona*).
- Vestido vaporoso (para orearse el sudor).
- Lentes de sol (con un armazón dorado, para que parezcas diva).
- Traje de baño completo (lisos con líneas que marquen la cintura).
- Pareo (para que te cubras las várices de las piernas).
- Chanclas con plataforma (para no verte tan sotaca y que no agarres un pie de atleta).

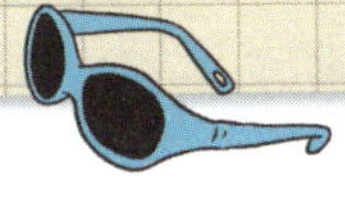
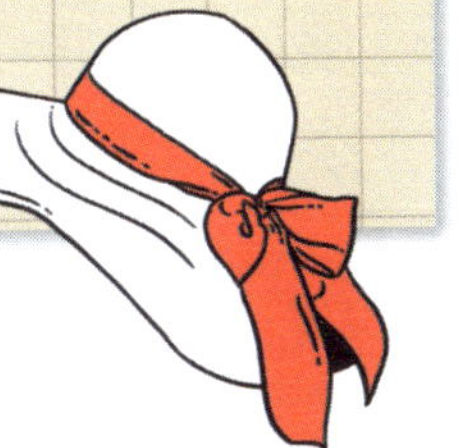

Círculo cromático de la dama del buen vestir

Dicen que «la que de amarillo se viste, de su hermosura presume» y yo no estoy de acuerdo con esa frase. ¡El amarillo es un color espantoso! Solo la pájara Peggy y los aficionados del América usan ese tono tan feo.

Tenemos que aceptar que esos tonos tan chillones y estridentes deberían ser eliminados de cualquier guardarropa. Las señoras del buen vestir escogen colores más sobrios y elegantes.

Aquí te dejo el círculo cromático de la señora del buen vestir para que elijas tus prendas sin fregarle la retina a nadie.

Mujeres que inspiran estilos y moda

Si aún no encuentras tu estilo y necesitas referentes de la moda, te dejo algunas celebridades que me han ayudado mucho para conseguir la imagen que tengo y que tanto me chulean.

LADY DI

¡Hasta fachosa, la condenada se veía bien! De ella copié su estilo *sport* que, a pesar de incluir sudaderas, bermudas o calcetas, siempre los combinaba con un toque de elegancia: unas buenas perlas o un collar bonito. Diana de Gales nos dio muestra de que un buen accesorio —como las joyas— puede levantar tu atuendo, y que un mal accesorio —como una porquería de marido— puede arruinarte la vestimenta y hasta la vida entera.

JENNIFER ANISTON

Esta chava saca unos cortes de pelo espectaculares. Tiene un lacio padrísimo que hace que le luzcan esos rayitos y esas lucecitas tan bien hechas. Yo usé el corte de Jennifer por muchos años y me veía monísima, pero me harté de ser güera y me decidí por algo más discreto. Jennifer es una chica con mucha chispa y encanto, lo que más aprendí de este mujerón es que la actitud y la alegría son la mejor prenda que te puedes poner. Seríamos muy buenas amigas si nos conociéramos, fíjate.

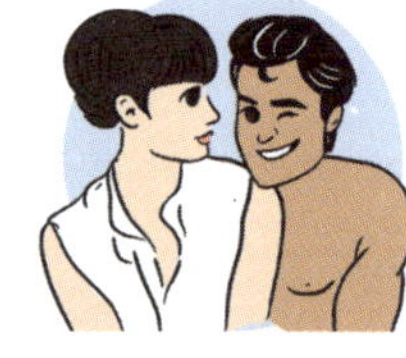

DEMI MOORE

¡Qué bruta, está guapísima! Con todo y que ya se hizo sus arreglitos, Demi es una mujer que nos da cátedra de cómo, a cualquier edad y bajo cualquier estilo, se puede ser muy sexy. Así traigas un corte peloncito, como en *Ghost: la sombra del amor*, o una melena frondosa, como en *Striptease*, Demi Moore nos demuestra que no tienes que ponerte en plan chavarruca para destacar. La sensualidad natural de tu edad, sin importar la melena que lleves, puede darte la seguridad que necesitas.

VERÓNICA CASTRO

Desde mi punto de vista, la Vero ha sido la artista con el rostro más bello del espectáculo nacional. Hasta la fecha, sigue teniendo esa cara de muñequita adornada con esos ojazos verdes de impacto. En sus años mozos, era *naturalita* y no necesitaba ni una gota de maquillaje para resaltar su belleza. Aunque ya más veterana se hizo sus arreglitos, de chavita siempre destacó sus atributos al natural. Las chavas de ahora deberían aprender de ella para no desgraciarse la cara con tanta madre que se ponen y se inyectan. Así que, como la Vero, aprovecha los dotes que te da la buena genética para sentirte a gusto con tu encanto.

ANDREA LEGARRETA

Esta mujer también tiene un pacto con el diablo. ¡Es traga años! Desde que empezó en las telenovelas se veía muy fresca y juvenil, cualidades que no ha perdido. La Legarreta ha marcado tendencia en el estilo de las cejas y las pestañas. Yo las usé muchísimos años como ella: cejas delgaditas y pestañón loco, para lograr una mirada pizpireta y coquetona que no fallaba a la hora del ligue. Andrea Legarreta es un ejemplo de que la belleza sutil y discreta comienza con una mirada alegre y se mantiene con un espíritu jovial y buena onda.

TRAGEDIAS EN EL PROBADOR CON CARITO ACAMPA

¿Ya llegaron a esa edad en donde sus peores traumas los viven dentro de un cuartito de dos por dos, llamado «probador»? ¡Qué joda, mano! Nada te queda, la ropa está horrible, te cambias una y otra vez y nomás no te gusta. Si te identificas, acompáñame a ver esta triste historia...

¡No me anden carrereando!

¡Parezco tamal mal amarrado!

En estos espejos sí me veo bien, no como en los de la casa...

¡Regina, ayúdame que ya se me atoró esta madre!

Uy... la falda me queda muy rabona.

Con razón me gustó... ¡¡¡Mira nada más el precio!!!

Con una buena faja, sí me entra.

¡Mañana mismo me pongo a dieta!

Si no me convence, lo regreso... total.

Señorita, no me quedó... Es que ya las tallas vienen muy reducidas.

¡Ya hacen puras tallas para esqueléticas!

Es que con esta pantaleta se me bota la panza.

Si lo mando arreglar y le hacen un plisadito aquí, me queda.

Choque de dos mundos: Melissa y Regina vs. Caro Acampa

¡Mis hijas tienen tan mal gusto para vestir!... Tienen el clóset repleto, atascado y vomitando ropa bonita, y se ponen lo más feo que encuentran. ¡Parece que las vistió el ropavejero y que su asesor de estilo es el señor de la basura o, de plano, le copiaron la moda a un vagabundo, mano!

Usan pantalones rotos y aguados, sudaderotas, chamarrotas, camisetotas. ¡¿Se creen pachucas o qué onda?! Se ponen vestidos tipo fondo, o vestidos donde se les ve tooodo México. Se visten con esos mallones tan de moda... los famosos *leggins*. ¡Qué fachosas se ven con esas moditas! Y si uno les hace un comentario para ayudarlas a mejorar, se ofenden peor que si les hubiera mentado la madre.

Chicas Acampa ♡

Regina
¿Cómo ves, ma? ¿Sí te gustó nuestro *outfit* para la fiesta de Marijó?

Caro
¿Así se van a ir? Tanta ropa que tienen y siempre se ponen las mismas garras. Tan bonitas que son...

Melissa
Ma, yo creo que en estos tiempos cada quien puede usar lo que le guste y le haga sentir bien.

Regina
Y obvio nos gusta que nos des tu opinión, pero a veces te pasas de juzgona.

Caro
¡Yo se los digo porque soy su madre! ¿O prefieren que se los diga otra gente? ¿Que se ven de la patada con lo que traen puesto?

Melissa
Obvio, no vamos a tener los mismos gustos, ma. Pero no por eso tienes que hacernos sentir mal.

Caro
Bueno... si a ustedes les gusta, ¡pues pónganselo! ¿Me aceptan un consejo de mamá?

Melissa
OK...
Regina
🙄
Caro
¡No les queda ese tipo de ropa! *Sanseacabó*.
[MELISSA SALIÓ DEL CHAT]
[REGINA SALIÓ DEL CHAT]

Remedios caseros de doña Evangelina Acampa

Todas las madres son sabias y la mía no es la excepción. Mi mami, Doña Evangelina Acampa, nunca nos dejó usar maquillaje. De escuincla yo siempre fui naturalita. Andaba de cara lavada; si acaso me peinaba bien las cejas, me echaba crema, me ponía tantitas chapas, un bilé clarito y párale de contar.

Fue hasta que me casé que usé maquillaje de a de veras y me empecé a fregar el cutis que tenía (de porcelana), por eso ahora ya me veo más traqueteada, pues me salieron patas de gallo, paño, manchas, pecas y arrugas.

Más allá del maquillaje, las imperfecciones me brotaron a causa del sol. ¡Y es que me metía unas santas rostizadas en la playa! Jamás usé bloqueador, puro bronceador de aceite de coco.

Afortunadamente tengo buenos genes y no me veo tan dada al traste; por ejemplo, mi mami a sus ochenta y pico de años tiene una piel tersa, parejita y con muy pocas arrugas a pesar de su edad. Y eso es gracias a que llevó una vida muy sana y utilizaba solo remedios caseros para cuidar su piel, que yo uso a la fecha y heredé a mis monstruas. A ver, si no te gustan, no pasa nada, tampoco pienses que yo soy dermatóloga.

1 LAVARSE LA CARA CON AGUAS PRODIGIOSAS

Mi mami se lavaba la cara con una botellita de agua bendita de Lourdes (de Francia) o de la Virgen de Fátima (en Portugal): es que ella era una señora muy viajada. Sus propiedades medicinales, milagrosas y curativas le dejaban un rostro impecable. Ahora que, si es mucho borlote conseguir estos sagrados líquidos, no hay bronca: con que te laves la cara día y noche y te quites toda la porquería que se te queda en la jeta, ya estás del otro lado. Lávate la cara, no seas cochina.

2 JABÓN

Mi mami usaba el jabón Maja, pero después le cambiaron la fórmula y le empezaron a salir muchos granitos. Así que Doña Evangelina recomienda lavarse la cara con puro jabón neutro, o bien, utilizar el jabón de sebo de res que se ha puesto tan de moda. «¡Te va a dejar el cutis de nalga de princesa!», como dice mi amiga Luly.

3 EXFOLIANTES NATURALES

No hay nada como el azúcar y el limón para prepararte una buena agua de sabor, pero también para exfoliar partes de tu *puerquecito*. Si mezclas azúcar y limón, y tallas las zonas resecas, como manos, piernas, esos codos percudidos o el famoso «talón de polvorón», verás que obtendrás resultados de una piel más tersa y blanquita en las áreas mencionadas.

4 CREMAS

No hay que darle muchas vueltas al asunto: la **vaselina** es la madre de todas las cremas. Si tienes resequedad, piel irritada, piel ceniza o sin hidratación, la vaselina te saca de apuros, o bien, aplica unas gotitas de **glicerina** y adiós piel de cocodrilo.

Ahora que si quieres eliminar esas manchitas de la piel, prueba la **crema de concha nácar**. ¡Es buenísima! Mi mami la compraba en un tianguis hace muchísimos años, y por eso no está pinta como yo comprenderé.

Si necesitas cicatrizar o curar zonas de tu piel que están medio maltratadas, prueba el **aceite de rosa mosqueta**, ¡es una ma-ra-vi-lla! Además, también sirve para disminuir las arrugas. Es un colágeno más económico que el muchacho que mantiene mi amiga Luly, ja, ja, ja, ja, ja.

Cuando te des un golpazo de aquellos, te recomiendo que te pongas **árnica**. El árnica es una belleza, sobre todo cuando eres mamá y tus hijos se meten cada porrazo que... Bueno, esta cremita les desinflama muy bien la lesión. Ahora, si no tienes en tu botiquín, te recomiendo entonces la **Pomada del Jorobadito** o la **Pomada de la Campana**. Son buenísimas.

5 MASCARILLAS

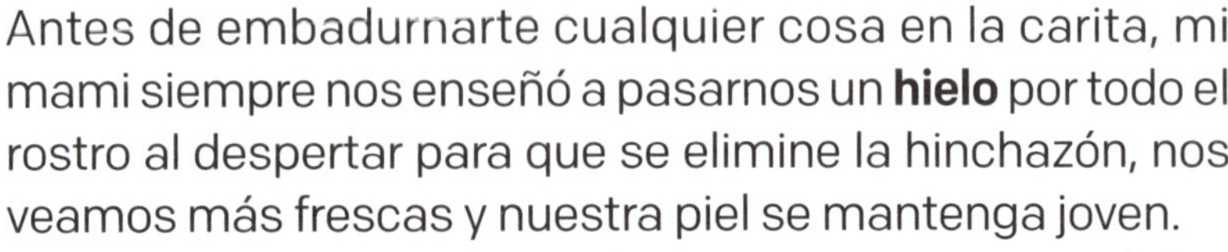

Antes de embadurnarte cualquier cosa en la carita, mi mami siempre nos enseñó a pasarnos un **hielo** por todo el rostro al despertar para que se elimine la hinchazón, nos veamos más frescas y nuestra piel se mantenga joven.

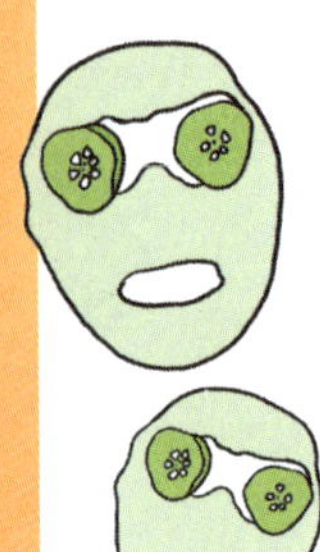

Si tienes mucha ojera o bolsas, ponte unas **rodajas de pepino con yogur** y verás cómo disminuyen los ojos papujados.

Para mantener tu rostro rozagante y bien hidratado, recuerda hacerte de vez en cuando una **mascarilla de avena, miel y yogur**, porque, así como un coctel de frutas recibe estos ingredientes, tú también necesitas de sus propiedades para verte como un manguito.

Y ya para finalizar, ahora que está tan de moda ponerse cejotas y extensiones de pestañas, te recomiendo que antes de quedar como el muñeco Titino (así nos decía mi mami), te eches unas gotitas de **aceite de almendras** para crecer el vellito de tus cejas y que se te vean más pobladas, tupidas y, sobre todo, naturales.

El cabello lo es todo

Te lo vuelvo a repetir, yo no soy dermatóloga ni estilista personal. Estoy hablando desde mi experiencia, pero ya que estás leyendo mi libro, déjame decirte que un básico en el cuidado personal es el cabello. Mi melena ha pasado por varias etapas en la vida: desde el corte de bacinica en la niñez, la base para conseguir una cabellera rizada en la juventud, hasta el corte peloncito con crepé de la madurez.

Pocas manos han tocado mi cabello y, así como se debe tener un doctor de cabecera, hay que buscar un estilista de confianza. Desafortunadamente yo le perdí la pista al chavo que me cortaba el pelo, ¡tenía muy buena mano, caray! Y ahora he pasado a joderme con mis cortes, porque nadie me agarra la onda de lo que quiero y me han desgraciado la melena.

La belleza de mi cabello no ha sido fácil. He pasado por todo tipo de tratamientos, cortes, pleitos y tragedias en los salones de belleza, por eso quiero ayudarte a encontrar tu *look* ideal por medio de este *test* de autoconocimiento. Escucha consejos y llegarás a vieja, escuincla; eso sí, con un gran corte de cabello.

Test

AUTOCONOCIMIENTO DE MELENA

Instrucciones

Elige las tragedias que has vivido en la estética y descubre qué corte de pelo necesitas para evitarte puro estrés innecesario.

- ☐ Te has quedado dormida mientras te lavan el pelo.
- ☐ Los rayitos cobrizos que pediste te quedaron anaranjados.
- ☐ El rubio platinado que pediste, con el tiempo, mutó a color verde.
- ☐ Te han quemado con la tenaza o con el aire caliente de la secadora.
- ☐ Has estado al borde del desmayo por pasar más de 5 horas en la estética sin probar bocado.
- ☐ Tu corte no queda como la foto que le muestras como referencia al estilista.
- ☐ Al salir de la estética, dices «No me gustó», y te deshaces el peinado.
- ☐ Cuando presumes un nuevo corte de pelo a tus allegados, recibes por respuesta un «¿Qué te hicieron? Te dejaron igual».
- ☐ Te han cobrado miles de pesos por algo que pudiste resolver con un tinte del supermercado.
- ☐ Te han quemado el cabello con una base o permanente.
- ☐ Te arrepientes cada vez que pides que te hagan fleco o copete.

- [ ] Has repetido con frecuencia la frase «Me trasquilaron» al salir de una estética.
- [ ] Aceptas con inseguridad y dudas de la propuesta de un corte novedoso y moderno, y al verte con nuevo *look*, quedas automáticamente decepcionada e insatisfecha.
- [ ] Tu presupuesto se sale de control cuando descubres que te pusieron un tratamiento, una ampolleta y keratina sin previo aviso.
- [ ] Te han ahorcado al colocarte las capas o filipinas que te cubren de los residuos de cabello.
- [ ] Cuando pides ondas en el cabello, te dejan caireles de quinceañera.
- [ ] Recurres a la estética un día antes de un evento importantísimo (boda, graduación, bautizo) y obviamente quedas fatal.
- [ ] Has quedado con la cara pintada de tinte y desde el 2010 no se te ha podido quitar.
- [ ] Alguna depilación te ha llevado inmediatamente a consultar al dermatólogo por irritación o quemadura.
- [ ] Te has quedado callada y llorando en silencio al ver el desastre que te hicieron en el cabello, pero dices que te gustó mucho para no hacer sentir mal al estilista.

RESPUESTAS

Si marcaste de 0 a 5 tragedias de estética: CORTE MEDIO CON CAPAS, CAPAS Y MÁS CAPAS

Un degrafilado padre, en capas, que le dé movimiento a tu melena para sacudir rápidamente las tragedias en la estética es ideal para ti y tu tipo de rostro, porque seguramente tú sí tienes la cara de reclamar cuando algo no te gusta, exigir por lo que pagas y ser clara con lo que pides. Sin duda, eres de las que sale echando tiros de lo guapa que queda en el salón.

Si marcaste de 5 a 10 tragedias de estética:
CORTE BOB ASIMÉTRICO

Así como este corte, las decisiones que tomas en la estética son desequilibradas; en ocasiones, eres acertada y sales despampanante, pero hay veces en las que una mala tusada te deja el fleco como mordida de burro y la tragedia es evidente. Así que no te juegues al vivo y ve a la segura con un corte tipo bob que empiece cortito de la nuca y tenga una bonita caída más larga hacia el frente.

Si marcaste de 10 a 15 tragedias de estética:
CASQUETE CORTO

¡Tú no aprendes! Para ti, la estética es sinónimo de tortura. Ya estás esperando que un tijeretazo arruine tu día y eres de las que constantemente piden algo novedoso y terminan arrepentidísimas. ¡Basta! Es momento de madurar y qué mejor que un corte peloncito para evitar más tragedias. Si eres *modernona*, te recomiendo el pixie; y si eres más clásica, un casquete corto bonito es la opción para vivir despreocupada y sin dramas.

De 15 a 20 tragedias de estética:
BRITNEY PELONA

Te lo voy a decir rapidito y de buena manera: ¡RÁPATE! Contigo no hay remedio y lo más prudente sería copiar el *look* de Britney Spears pelona, empezar de cero y parar el sufrimiento que has cargado por años.

Como te ves, me vi; como me ves, te verás

Una señora de mi rodada sabe que el cuerpo sufre muchos cambios. A esta edad ya no somos esas varitas de nardo, ni tenemos todo firme y en su lugar; son tiempos (y cuerpos) que no volverán, a menos que recurras al bisturí como mi amiga Luly, quien —aunque se cuida y hace mucho deporte— ya se puso chichis, se hizo la lipo y dos que tres arreglitos en la cara. ¡Quién la viera! Es tremenda esa Luly.

Yo prefiero estar así: sana y disfrutando de la jubilación. ¡Cómo pasa el tiempo, caramba! Yo de jovencita podía comer de todo, no andaba pensando en dietas, ni hacía ejercicio y aun así era *espiriflláutica*. En cambio, Regina y Melissa se la viven en el *gym* y ya traen la cosquillita de operarse, ¡hazme el chingado favor! Opérense... ¡pero el cerebro!

Después de que nacieran mis monstruas, empecé a cuidarme más: iba a los *aerobics*, al *spinning*, veía al homeópata para que me pusiera balines. Fui compradora compulsiva de los productos de infomerciales: las malteadas, el Sauna Tronic 2000, el Stepper, el Bio Shaker y el Ab Coaster. Todo aparato de ejercicio pasó por esta casa: bici fija, caminadora, elíptica... hasta que se convirtieron en percheros.

Ahora trato de cuidarme, pero también pienso: «Yo ya viví, déjenme echarme mi torta cubana en santa paz cuando se me antoje». Hace unas semanitas nos fuimos a hacer estudios y salí a todo dar, ¡hasta mejor que mis hijas! Tengo los triglicéridos bajísimos, mis niveles de azúcar muy bien, aunque la presión me sigue dando lata, porque la única herencia que he recibido es la hipertensión.

Por iniciativa propia, yo solita me quité el vicio del cigarro desde hace 15 años, ya tomo menos refresco de cola (que es mi veneno); en esta casa le bajamos al pan, las papitas, las galletitas, los dulces. En el refri siempre hay jamón, queso, fruta y verdura picada, aunque mis escuinclas digan que nuuuuuuuuunca hay nada en la despensa.

En cuanto al ejercicio, yo no puedo hacer mucho esfuerzo, porque me sofoco, tengo problemas de espolón, las rodillas se me fregaron y por ahora lo único que hago son caminatas diarias, estiramientos, y a veces pongo mis discos compactos de la zumba que venían en una caja de cereal, aún los conservo y con eso me doy por bien servida.

Chicas Acampa ♡

Regina
Ma, o sea, nosotras nos cuidamos por salud, no por estar flacas. Queremos tratar bien a nuestro cuerpo, que hace tantas cosas por nosotras. Nos gusta sentirnos bien y fuertes.

Melissa
Si piensas que los pilates, el *cyclo*, el *running*, el *hot* yoga, la escalada y el *crossfit* son un exceso, tenemos que decirte que lo hacemos por diversión, por movernos y estar activas con actividades supersanas.

Regina
Tú también debes querer y respetar tu cuerpo y no abandonarlo. No importa qué hagas, mientras te muevas.

Melissa
¡Obvio, ma! Hazlo por salud y recuerda que también debes respetar los cuerpos ajenos y no criticar a nadie por su complexión. Nunca sabrás lo que está pasando en la vida de la otra persona.

Caro
Ay, ya van a empezar...

[CARITO ACAMPA SALIÓ DEL CHAT]

SER LA MEJOR MADRE

SIEMPRE SERÁ LA MEJOR TENDENCIA

CAPÍTULO 4

TECNOLOGÍA

Ese aparatito llamado celular, que nos volvió adictos a la dopamina, es una maravilla, pero también ¡un vicio! Como todo, si le sabes dar un buen uso, es una gran herramienta, pero si lo usas para perder el tiempo, insultar y ver cochinadas, ¡estamos fregados!

Yo empecé a usar el celular por obligación, más que por gusto. Y para ser honesta, a veces tengo que pedirles ayuda a mis hijas para agarrarle la onda, porque ¡soy una señora de la prehistoria! Por ejemplo, a mí con esta chingadera de la inteligencia artificial me cuesta mucho saber qué es verdad y qué es mentira. Yo siempre les digo a mis amigas que deben tener cuidado con todo, ¡más con los *hackers* que te roban tu información!

Bajita la mano ahí la llevo, pian pianito, picándole al Facebook, Instagram, TikTok, WhatsApp y una que otra aplicación. Ya solo me falta entrarle al OnlyFans, nada más déjenme ponerme a dieta y les juro que me hago millonaria.

A continuación, te comparto algunos tips para que le piques a tu teléfono sin miedo a que te vayan a *hackear*.

Enchula tu perfil

En tus redes sociales, la foto de perfil es tu carta de presentación. Yo te recomiendo que destaques lo mejor de ti, por ejemplo:

1 Presume reflexiones para desearle un maravilloso día a todos tus seguidores.

2 Usa marcos, fondos y detalles que le den un toque coqueto a tu foto.

3 Transmite tu espíritu libre y aventurero con una foto de un viaje donde te veas radiante y disfrutando la vida.

4 ¿No eres fotogénica y prefieres mantener tu identidad oculta? Resuelve con una foto de la naturaleza: una jacaranda, una buganvilia, unos alcatraces o una flor de tu preferencia.

5 Si tu celular no saca imágenes de buena calidad, puedes escanear una foto profesional.

Y ahora, ¿qué publico?

El tipo de publicaciones que compartimos las señoras es variado y por lo regular de contenido muy sano. Aunque yo ande del tingo al tango, me hice un huequito en mi agenda y me di a la tarea de hacerte una lista de las cosas que recibo y comparto, además de darte un par de recomendaciones que serán muy útiles para que le des un buen uso a tus redes.

ORACIONES Y BENDICIONES

Antes de ir a despertar a toda tu familia con un «Levántense que ya es tardísimo chingadamadreeeeeeeeeee», no olvides publicar o enviar una oración, agradecimiento, petición o bendiciones a tus seres queridos.

BUENOS DÍAS

Recuerda que a esta edad ya se nos va el avión, se nos borra el *cassette* y tenemos tal cabeza de chorlito que ya no sabemos ni en qué día vivimos. Así que un «¡Ya es miércoles: ombligo de la semana!» será de buena ayuda para tus contemporáneas.

CHISMES DE LA FARÁNDULA

Dicen que el alimento del alma es la risa, **pero yo diría que es el chisme**. Y no es que yo me la pase buscando la vida de los artistas, me aparecen en el muro un montón de cosas e inevitablemente uno se clava en las vidas ajenas: que si fulanita ya se casó, que si otra es fan de su relación, que si perenganito la dejó, que si zutanito cambió de bando, que si menganita se operó... Le puedes sacar doble provecho a estas publicaciones, pues estar enterada de todo lo que pasa en el mundo de la farándula te dará mucho de qué hablar en cualquier reunión.

REFLEXIONES Y FRASES MOTIVACIONALES

Si eres una señora que no se expresa mucho o que no es muy ducha con las palabras, existe infinidad de reflexiones y frases en internet que te pueden ayudar para compartir un mensaje bonito y hacer conciencia de varios temas que pasamos por alto.

FAKE NEWS

Yo no le agarro la onda a las *fake news* y nunca las entenderé. Mis hijas me regañan cuando las comparto, pero no tienen la paciencia de venir y explicarme lo que debo y no debo publicar. Total, que te valga sombrilla, es tu muro y puedes hacer lo que se te dé tu regalada gana.

APOYO A EMPRENDIMIENTOS

Estoy a favor de la economía local, y por eso estoy suscrita a muchos grupos en el feis donde las mujeres venden hasta a su abuela, y aunque yo no sea la compradora más activa, al menos les pongo un puntito («.») para apoyarlas.

ALERTAS DE FRAUDES, *HACKEOS* Y VIRUS

¡Aguas! Ahora los ladrones están *hackeando* los teléfonos celulares. No faltan los mensajes en donde te mandan un *link*, piden que des tus datos, sacan tus números de las tarjetas y te dan en toda la torre dejándote hasta sin calzones. ¡Mucho cuidado! Yo a todos mis contactos les mando este tipo de alertas para tenerlos prevenidos, aunque los tenga atosigados con mis mensajes. Al rato, no vaya a ser la de malas y les pase. Les voy a decir: «¡Te lo dije!».

MEMES

Yo me pregunto: *¡¿A quién se le ocurren esas cosas tan ingeniosas?!* Hay unos memes simpatiquísimos que me tienen botada de risa todo el santo día. Aquí entre nos, Luly y yo nos compartimos unos memes de chistes colorados que no a todo mundo le hacen gracia. Con la familia me mando chistoretes más sonsos, y mis hijas me enseñan a este chico que imita a las mamás, Paco De Miguel, muy cotorro... Siempre les pregunto si es su amigo, si lo conocen o ¿quién es, de dónde salió y por qué me imita?

MUCHACHONES

Mi amiguita Luly es la experta en mandarnos encuerados, chavos en paños menores y a uno que otro cueeeeeeeero de hombre de muy buen ver, la verdad. Aunque también tenemos colección de fotos del verdadero papá de mis hijas: Chayanne; de mi novio, Saúl Lisazo; de mis amores platónicos, George Clooney y Richard Gere. ¡Qué hombres tan varoniles, tan educados, talentosos y, sobre todo, billetudos!

RECETAS DE COCINA

Me declaro la más fan de todos los videos de cocina, lástima que no he podido hacer las recetas que me gustan, porque nunca tengo a la mano los chingados ingredientes que usan. Luego es muy común que todas las preparaciones exijan usar el horno y el mío está tan lleno de ollas, trastes y sartenes que me da pereza escombrar.

EFEMÉRIDES

Nunca está de más felicitar a los médicos en su día, a los diseñadores, a las secretarias o a cualquier profesionista que merezca un reconocimiento, aunque sea por mensajito. Por cierto, ¡Feliz Día del Abogado al queridísimo Lic. que me divorció del Pelón!

FOTOS DE LOS HIJOS

Yo soy mamá cuervo a tope. Me encanta presumir a mis hijitas, Regina y Melissa. Aunque obviamente ellas detestan

cuando subo sus fotos sin autorización. A mí me vale madres, yo puedo hacer de mi muro un papalote. Además, siempre reciben muchas porras con comentarios muy bonitos de mis contactos: «¡Qué guapas!», «¡Qué grandotas están tus niñas!», «Bendiciones a tu familia». Y las gachas de mis hijas no valoran esos gestos.

FOTOS DE VIAJES Y REUNIONES

Me encanta compartir fotos de viajes y reuniones para que vean la buena vida que me doy, después de las chingas que me acomodo todos los días. Oye, si para eso me parto el lomo. Además, no lo hago con afán de presumir, sino de mantener informados a mis contactos para que sepan de mi existencia y no piensen que me desaparecí del mapa.

FOTOS DE ANTAÑO

Dicen que recordar es volver a vivir y los retratos que a veces suben mis amigas de cuando íbamos en la prepa... ¡qué bruto, son una joya! Me veo y no me reconozco, ¡estaba flaquísima! Pesaba 50 kilos y era talla 28. No cabe duda: «juventud, divino tesoro». El tiempo se va como agua.

ACTIVIDAD

Encuesta de insatisfacción en el uso del celular

Sé muy bien que usar el celular tiene su truco. Hay que tener un chingo de paciencia para entenderle de pe a pa al aparatito este. Por eso te quiero hacer una encuesta de ~~satisfacción~~ insatisfacción para ver cuánto aguante tienes al usarlo.

En las escalas de emojis, marca el que corresponde al nivel de desesperación que experimentas en diferentes situaciones al usar el celular.

1. ¿Qué emoji eres cuando olvidas la pinche contraseña de tu correo, banca en línea, redes sociales, e incluso pierdes la libretita donde tenías apuntadas todas tus claves?

2. ¿En qué nivel te sientes cuando ves una publicación en el Facebook de tu hermana Raquel sobre puras pendejadas de política y alabando al candidato del momento?

3. Señala el emoji que representa lo que sientes cuando tus hijos no te ayudan a descargar tus fotos del celular y se niegan a copiarlas en una memoria USB para llevarlas a imprimir:

4. Marca la carita que expresa ese instante de darle clic sin querer a una página, y terminas comprando una chingadera que ni querías.

5. ¿En qué estado de estrés te encuentras cuando estás por llegar al nivel 8 775 de Candy Crush y te quedas sin batería?

6. Señala el emoji con el que te identificas cuando tus hijos o hijas no te contestan el chingado teléfono.

7. ¿En qué nivel de frustración te sientes cuando accidentalmente borras todos tus contactos, porque

tus hijas no quisieron ayudarte a limpiar la memoria de tu celular?

8. Indica el emoji que describe cuando recibes una llamada de un número desconocido, de una posible extorsión o del banco notificando que tu exesposo está hasta la madre de deudas.

9. ¿Qué carita expresa lo que sientes cuando la que te debe dinero publica sus viajes, fiestas y al mismo tiempo te manda una cadena de oración para la abundancia?

10. Señala el emoji que te identifica cuando te quedas sin señal, con todo y que levantas tu celular hacia el cielo esperando que agarre las ondas electromagnéticas que lo recarguen.

RESULTADOS DE CARITO ACAMPA EN LA ENCUESTA DE INSATISFACCIÓN EN EL USO DEL CELULAR

No sé qué caritas hayas marcado en cada pregunta; pero, en mi caso, 9 de las 10 preguntas se expresaron con la carita enojada diciendo peladeces (🤬). Y es que cada vez que batallo con mi celular me sale un vocabulario florido y me dan ganas de aventar el méndigo aparato a la basura.

A pesar de ser mucho más habilidosa con el teléfono que mis amigas —e incluso haber tomado cursos de computación e informática—, hay veces que me enredo un montón con las contraseñas, las claves, numeritos y chingaderitas que, en un descuido al hacer clic, se te desconfigura y se pierde toda tu información.

Te pido que tengas paciencia, que pidas ayuda a los más chavos y tecnológicos de tu familia, que todas tus claves las apuntes en una libretita, que no satures tu aparato de fotos o cadenas de *whats*. Ahora, si la que me está leyendo es la hija de alguien tan perdida como yo, no seas *hija de la guacamaya* y ayúdale a tu madre. ¡Acuérdate de quién salía a comprar tus cartulinas un domingo a las 9 de la noche!

Estos teléfonos tan avanzados a veces nos hacen parecer inútiles, y no es así. Simplemente somos de otra época, pero afortunadamente en la nuestra nos enseñaron a resolver y pensar. ¡Que los teléfonos inteligentes no sean más inteligentes que uno! ¡No te desesperes y échale *galleta* a la tecnología!

El fabuloso mundo del *Whats*

El *Whats* es lo equivalente al chismógrafo de nuestras épocas, a la famosísima Sección Amarilla o a nuestra agenda de contactos, con la sutil diferencia de tenernos esclavizadas y hacernos dependientes de este chunche llamado «celular».

Sin mi *Whats* estaría perdida. Ahí me comunico con medio mundo y no le pierdo la pista a nadie. Estos son mis contactos principales:

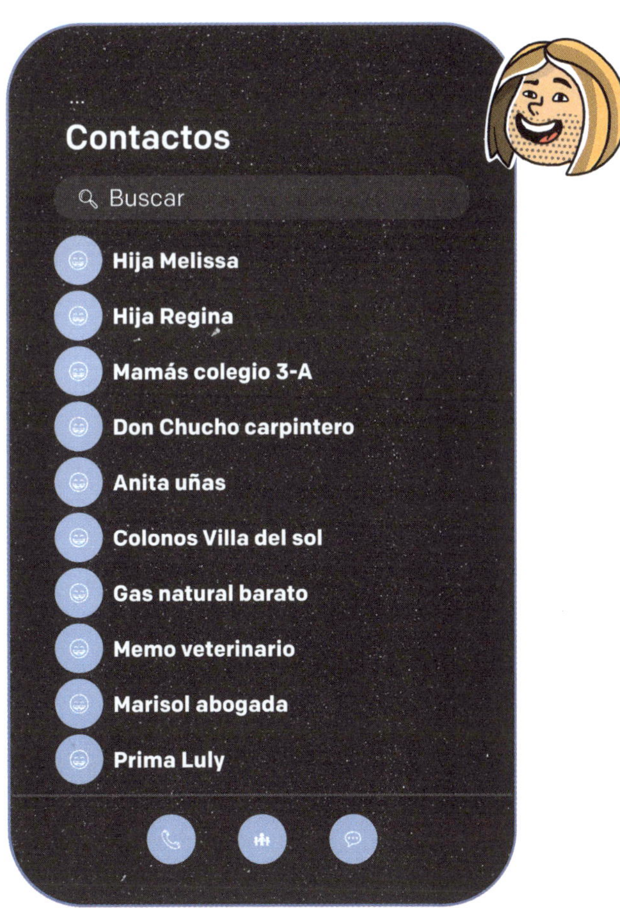

Me gusta mucho la funcionalidad de los chats, porque en una sola ventanita te caben todos tus contactos y no tienes que estar mandando saludos o avisos de a uno por uno. ¡Bendita tecnología!

Por ejemplo, en el chat de mis amigas «LAS FLOWERS» está toda la pandilla loca de chicas del Colegio Franciscano de María Concepción, que son mis cuatachas de tooooooda la vida.

Este chat está integrado por Adriana Pastrana, la Beba; Tere Villalpando, Teté; María de Lourdes Dumont, Luly; Marypaz Pineda; Margarita de la Cadena, Maggie; Carmen Quesada; Charito Arangutia, y su servidora, Carolina Acampa.

Luly es la administradora del chat y ya le ha tocado sacar a varias compañeritas del grupo, porque, así como la ven, chaparrita y con cara de buena gente, ella no se tienta el corazón y tiene los pantalones bien fajados.

Hace poco nos compartió una publicación que habla de cómo debemos llevar una sana convivencia en el chat de las amigas. Te la dejo aquí para que puedas esparcir el mensaje en todos tus grupos.

LOS 10 MANDAMIENTOS DEL CHAT DE LAS AMIGAS

1. Amanecerán mínimo con 234 mensajes al día, los leerán religiosamente, aunque les pese, y responderán los más importantes.

2. Usarán el chat para no perder contacto entre amigas, aunque se vean cada año.

3. No responderán a la integrante que deje notas de audio de más de 10 minutos y exigirán que mejor les eche un telefonazo. Si es imposible saltarse el chorote, reproducirán la nota de voz en velocidad 1.5x.

4. Responderán con un brevísimo «OK» o 👍 a los mensajes/cadenas que parecen pergamino (porque, honestamente, da pereza leerlos).

5. Compartirán inmediatamente las fotos que se tomaron en las reuniones de cuerpo presente.

6. No sumarán a otra amiga al chat, a menos que haya concilio y la interesada se gane el derecho de entrada compartiendo un buen chisme.

7. Invertirán mínimo 20 horas de su día en planear todas las fiestas, comidas, desayunos y eventos sociales, con una alta probabilidad de no llegar a acuerdos.

8. No silenciarán el chat.

9. Respetarás los tiempos de respuesta de las demás (y si te urge, mejor échale un telefonazo).

10. Eliminarán del grupo a la amiga que quiere enterarse de todo, pero no comparte nada de su vida. O bien, harán otros grupos donde la susodicha no esté incluida.

¡Ponte en onda con los *stickers* y avatares del momento!

Para estar actualizadas y al corriente de todos los avances tecnológicos, debes tener dentro de tus opciones de chats la posibilidad de compartir los novedosos *stickers* y avatares. ¡Serás la envidia del chat y la más moderna de tus contactos!

¿QUÉ CARAJOS SON LOS *STICKERS*?

Son dibujitos o estampitas que puedes utilizar dentro de los chats para mejorar un mensaje, hacerlo más creativo y darle un toque de color a tus respuestas, o ya de plano úsalos cuando te dé hueva escribir.

Aquí te dejo una selección de mis favoritos:

Por cierto, te dejo mis redes para que me sigas. Te advierto que me encanta subir fotos de viajes, familia, reuniones, frases que te ponen a pensar qué afortunados somos, noticias buena onda o mensajes de energía y buenas vibras. ¡Agrégame y chateamos!

MI CASA ES

TU CASA

CAPÍTULO 5

LA MEJOR ANFITRIONA

Me encanta poner mi espacio para todo tipo de reunión, convivio o guateque, porque sé que mi casa tiene lo necesario para que cualquier visita se sienta a gusto. Aquí entre nos, me gustar prestar mi hogar, porque me da hueva ir hasta casa de la fregada a lugares donde no hay ni dónde estacionarse. Detesto peregrinar y darme cuenta de que es más lo que tardas en llegar que el tiempo que pasas en la pachanga.

En cambio, mi casa está muy céntrica, es amplia, iluminada, calientita (porque hay unas casas a las que no voy ni aunque me paguen, ¡son unos congeladores!). En el condominio tenemos vigilancia, estacionamiento y, por suerte, tengo a dos hijas que «dizque» me ayudan a preparar las fiestas y atender a los invitados como se merecen.

Otra cosa. Poner tu casa para cualquier evento es una gran oportunidad para quedar bien y demostrar que nadie es más espléndida, atenta y servicial que tú. No pierdas la ocasión de hacer una reunioncita casual para lucir tu espacio, tus atenciones y, sobre todo, tu buen gusto.

Tips para cuando organices una reunión

Si a ti te da paz la meditación, conectar con la naturaleza y un retiro espiritual, qué padre. Yo lo respeto. Pero yo encuentro la paz absoluta cuando mi casa está limpia: todo escombrado, barrido, trapeado, sin telarañas ni cochambre, oliendo a cloro, amoniaco y esencia de lavanda.

Recuerda que para ser buena anfitriona hay una regla de oro: la limpieza profunda. Hay que hacer talacha para recibir a tus invitados. Si tienes chance, empieza una semana antes haciendo pequeños o grandes cambios en tu hogar, por ejemplo, remodela el espacio que te da pena que vean los demás, compra nuevos muebles o electrodomésticos, o, ya de perdida, pásale un simple trapazo a tu casa.

Es muy probable que seas la úúúúúúúúúúnica en casa que tenga la iniciativa de limpiar, pero no está de más pedir ayuda a todos los huevones que viven contigo para que te echen la mano. ¡Que no te agarren de su sirvienta!

Mis hijas saben que cuando me pongo mis pants viejos, mis chanclas, mi camisetota de batalla, una cachucha o un paliacate en la cabeza, es señal de que en esta casa hay muuuuucho que arreglar. ¡Los patios no se van a lavar solos!

Regina: Ma, neta, no es necesario limpiar el cuarto de servicio. Las visitas nunca pasan a ese cuarto y jamás se asomarían debajo del centro de lavado para ver si hay polvo o pelusas.

Melissa: O sea, ma... no entiendo tu TOC de obligarnos a arreglar la ropa por colores de nuestros clósets. ¡Ni que fuera a venir Marie Kondo de invitada!

Regina: No tiene sentido ordenar los *tuppers* por tamaños y formas si de todas maneras terminas dando itacates en tus botes de crema reciclados.

Melissa: Te juro que no entiendo por qué nos pones a regar el jardín si estamos en época de lluvias. O sea, cero cuidas el medioambiente.

Regina: Además, te malvibras horrible antes de la fiesta, pero cuando recibes a tus invitados, eres otra; hasta la voz te cambia y eres amable y dulce. Ojalá en ese tono nos pidieras ayuda con la limpieza.

Melissa: No sé por qué se te ocurre a última hora remodelar el piso del patio. Lo peor es que me pides vigilar al trabajador y me aburro mil en eso.

Regina: No entiendo tu obsesión por lavar todos los edredones, cobijas y sábanas. ¡Neta, no estás organizando una pijamada!

Melissa: Me parece super *old school* limpiar los vidrios de las ventanas con vinagre, ma. Terminamos apestando la casa, qué asco.

Lista de limpieza profunda, según Carito Acampa

Ya empezaron mis hijas con sus quejas, la cantaleta de toda la vida antes de ayudarme a escombrar la casa. ¡Ah, pero no se tratara de sus fiestecitas, porque ahí sí hasta guacareadas ajenas andan limpiando!

Mejor sigue esta lista de limpieza profunda para que tus fiestas o reuniones brillen por sí solas:

- Lavar cortinas para quitarles lo percudido.
- Limpiar vidrios con un chorrito de vinagre y papel periódico.
- Barrer todos los cuartos, el patio, la zotehuela, la entrada y, si es posible, hasta la caseta de vigilancia de tu fraccionamiento.
- Trapear y enjuagar la jerga, mínimo 8 veces.
- Sacar todos los adornos de tu vitrina y pasarles un trapo húmedo y uno seco.
- Lavar vasos y copas con agua caliente para quitar el olor a choquía.
- Desengrasar las hornillas de la estufa, la campana, el horno y eliminar todo el cochambre posible, incluso el de tu mente.
- Cuidar que los trapos no huelan a trapo, esto es importantísimo.
- Además de un bonito tapete, coloca una jerga limpia en la puerta de entrada.
- Dejar el baño más brillante que el diamante que te dio tu novio, el millonario con el que no te casaste.
- Cambiar sábanas, cobijas y edredones, porque uno nunca sabe a quién puede darle el mal del puerco y necesite hacer uso de tus camas para echarse un coyotito.

Bienvenidos a mi casa: El *tour* de Carito Acampa

Ya que hayas convocado a tus invitados y confirmado tres veces su asistencia, lo primero que debes hacer al recibirlos es ofrecer un *tour* con la intención de que conozcan tu casa (con el único propósito de presumir hasta el más mínimo rincón). Aunque, claro, para no pecar de soberbia, ni verte muy mamila, te recomiendo manejar unos toques de modestia para que no caigas gorda.

Aquí van unas recomendaciones —con el toque de modestia incluido— para que guíes a tus visitas y se queden con el ojo cuadrado.

LA BIENVENIDA

- ✔ Al abrir la puerta, haz preguntas o comentarios que destaquen la fabulosa ubicación de tu casa. Ejemplo: «¿Llegaron bien? ¿Verdad que no hay pierde? Es que aquí tenemos todas las avenidas cerca, por donde llegues te haces 15 minutos».

- ✔ Habla sobre la arquitectura de tu casa de manera muy sutil. Ejemplo: «Esta casa la construyó un arquitecto famosísimo; pero, por fortuna, en ese entonces nos cobró una bicoca. Ahorita esta casa vale el quíntuple y la zona es de alta plusvalía. Las vueltas que da la vida, ¿verdad?».

EL TOQUE DE MODESTIA. Si te chulean tu casa, puedes señalar que, a pesar de estar muy bonita, se le mete mucho la humedad; o bien, que es complicadísimo darle mantenimiento a una casota de ese tamaño, por lo que estás pensando en vender tu propiedad y comprar un departamento-huevito para tu futura vejez.

EL JARDÍN

- ✔ Presume tu jardín y sus árboles, plantas y flores más llamativas. Muestra lo bien que se te dio esa higuera, resalta la sombra de tu ahuehuete, cuéntales cómo florecen tus acacias en primavera y no olvides expresar que el jardín es tu espacio favorito de la casa (aunque traiciones al cuarto de tele).

- ✔ Si dices «Caro, no manches, no tengo jardín», OK, te entiendo. Te doy otra opción: presume lo chulas que están tus plantas. Cuéntales cómo les quitaste los piojos harinosos a varias de ellas o cómo tuviste que hablar seriamente con el teléfono que cuelga de la esquina porque estaba sentido y se andaba poniendo amarillo.

- ✔ Resalta tus dotes de experta jardinera y haz recomendaciones del cuidado de las plantas; debes mostrar tu *expertise* en las plantas de sol, sombra y resolana.

EL TOQUE DE MODESTIA. Si quedan asombrados por la belleza de tu flora, cuéntales a tus invitados que es una lata cuidar y regar todas las plantas; ya no estás para esos trotes cada semana. Ve un paso más adelante y di que, si les gusta una, les puedes regalar hijitos (no vas a regalar nada, pero te hará ver muy buena onda).

LAS MASCOTAS

✔ Presenta a tus mascotas como parte de tu familia y ten la decencia de preguntar si alguno de tus invitados es alérgico a los animales; o bien, si tienen alguna fobia. Porque ¡qué molesto es ir a una casa y que se te encimen los animalitos y te dejen atiborrada de pelos!

✔ Muestra lo bien educados que están tus perros o gatos, y cuenta alguna anécdota heroica que hayan hecho tus mascotas. Ejemplo: «Fíjate que Duque, con su olfato, pudo rescatar a mi mami cuando se cayó en la zanja del patio de atrás. Duque andaba ladre y ladre, diciéndonos que mi mami estaba ahí atrapada. ¡Le salvó la vida! Los animalitos son muy inteligentes».

✔ Haz notar que eres la única en casa que se encarga de darles de comer y levantar las cacas de tus mascotas, mientras que las huevonas de tus hijas solo se toman *selfies* con ellos.

EL TOQUE DE MODESTIA. Aunque adores a tus perros, comenta que te han sacado canas verdes, pero no tantas como tus hijos. Es indispensable que menciones estar harta de ser la única que los atiende y que a veces te preocupa no hacerlos tan felices como ellos a ti.

EL ARTE

✔ Luce todos los objetos de valor que adornan tu espacio: los cuadros, el retrato de la abuela de principios de siglo. Destaca aquella pintura que encontraste en un mercadito de pulgas, que después todas tus amigas quisieron copiar para sus casas.

- ✓ Muestra todo lo que hay en tu vitrina: desde los recuerditos de bodas y bautizos, hasta tu colección de tazas con diversas decoraciones, resaltando la taza negra que, al verter agua caliente en ella, deja al descubierto una foto tuya.
- ✓ Recorre el sitio donde tienes las fotos de la familia y discúlpate por el retrato en donde está recortado tu ex o algún otro innombrable de la familia.
- ✓ Presume tus artesanías: tus jarrones de barro negro de Oaxaca, los vasos de cristal de Murano traídos directito de Italia, las campanas, las cucharas o hasta tus tapetes persas.

EL TOQUE DE MODESTIA. Puedes presumir un florero lindo y confesar que te lo robaste de un centro de mesa de una boda muy fifí, jo, jo, jo.

LOS ESPACIOS

- ✓ Enseña cada uno de los espacios de tu casa resaltando su comodidad, practicidad, funcionalidad y hasta las vivencias que han sucedido en esos lugares. Ejemplo: «Este comedor me lo regaló mi compadre, Javier Torrescano, el día de mi boda. Es de una caoba tan fina y maciza que me ha durado 30 años y un divorcio».
- ✓ Encárgate de que tus baños estén relucientes con fundas nuevas, toallitas de manos de todos tamaños y

colores, jabones, cremas, revistero y un buen aromatizante, por aquello de los invitados confianzudos que se atreven a hacer del dos.

- ✔ Da un recorrido por las recámaras para demostrarles a tus hijas que las visitas sí pasan a la planta alta y se dan cuenta de si se hizo o no la limpieza.

EL TOQUE DE MODESTIA. Si chulean alguno de tus espacios, como tu cocina integral de madera con toque colonial-mexicano, cuéntales que la campana hace una humareda terrible, que el horno no calienta nada y por eso te la pasas pidiendo comida económica de tu fondita de confianza.

LA MESA

- ✔ Saca la vajilla más fina que tengas, así como los cubiertos de plata que te heredó tu mamá. Evita a toda costa materiales como el plástico, la melamina o el unicel.

- ✔ Pon una mesa bonita, con sus servilletas de tela y el camino de mesa según la temporada. Presume los manteles deshilados que tejió tu mami. Dale vida a tu mesa con un florero de cristal cortado y llénalo con un buen ramo en honor de tus visitas.

- ✔ Desempolva las copas que tenías guardadas y lávalas muy bien. Muestra su fino cristal golpeando la copa hasta que haga un sonido delicado y profundo, similar al de una campana.

EL TOQUE DE MODESTIA. Cuando te chuleen la vajilla y tus cubiertos, confiesa que hasta una persona como tú utiliza desechables y unicel de vez en cuando. Y si alguien se atreve a criticarte, contesta con un «Lavar los trastes también es un gastadero de agua brutal, ¿eh? Y qué hueva cuando no está Mari».

Frases para apapachar a tus invitados

Aunque por dentro te esté llevando la tiznada y tengas ganas de correrlos a todos por el desmadre que dejarán cuando se termine la convivencia, recuerda que la cortesía siempre va por delante. No debes perder la oportunidad de halagar y hacer sentir como en casa a tus visitas.

CUANDO LLEGAN LOS INVITADOS...

- «Te veo más delgada, ¿qué te hiciste? ¡Pasa la receta!».
- «Te ves muy bien sin barba, te quitaste diez años de encima».
- «Yo me veo jodidísima, pero tú estás como nueva, ¡qué bien te cayó tu tercer divorcio!».
- «Oye, ese color mamey de tu conjuntito ¡te queda muy bien! Te da mucha luz en el rostro».
- «Ya están enormes tus hijos, yo los conocí en brazos y míralos qué guapotes». *Pellizca los cachetes de los jóvenes*

- «No te hubieras molestado en traer el postre, aquí tengo de todo».
- «¡Uy, qué rico vinito trajiste! Fíjate que ya no tomo, pero de este sí te acepto una copita».

CUANDO TUS INVITADOS QUIEREN PONERSE HACENDOSOS Y ACOMEDIDOS...

- «¡Deja ahí, no te levantes!».
- «¡No te paaaaaaares! Mañana viene la señora que me ayuda».
- «Déjame los trastes, yo me los echo en un segundo. De hecho, lavar trastes me relaja mucho».
- «Siéntate que vamos a hacer sobremesa».
- «Vienes a despejarte, no a ponerte a trabajar».

Nota. Claro que me encantaría que los invitados ayudaran en algo, pero tampoco me quiero ver mamona...

CUANDO LLEGA LA HORA DE DESPEDIRSE...

- «Sobró muchísima comida. ¡Te voy a preparar un itacate y no pongas peros, por favor!».
- «Mi casa es su casa, muy a la orden para cuando gusten».
- «Cáiganle cuando quieran, con toda confianza, y se traen a toda la palomilla».

Ingredientes de una buena reunión con las amigochas

Ya he hablado de cuando se arman los fiestononones de los Acampa, pero no he compartido las reuniones *petit comité* que hago con mis amigochas, las de toooooda la vida, las «Flowers». Nos reunimos cada que se puede (cada año bisiesto); o bien, cuando un buen chisme lo amerita.

No sé si piensan lo mismo que yo, pero a medida que una va creciendo, el círculo de amistades se reduce. Bien dicen que hay que contar a los amigos con los dedos de las manos, y en mi caso, una sola mano me basta para saber quiénes son cuates de verdad.

Me gusta ser la mitotera del grupo, animar a mis amigas a que salgan un poquito de la rutina y que vengan a la casa a desahogarse, a echarse un cafecito, a beberse una copita, a comer chucherías, a olvidar por un ratito las penas y a pasar un rato agradable. A mí el chisme me da vida y, sin mis amigas, la vida sería aburridísima. Para que las reuniones con tus íntimas sean un éxito, aquí te va una receta con todos los ingredientes que necesitas.

INGREDIENTES

- 1 pizca de chisme
- 1 cucharada de viboreo
- 2 paquetes de las mismas anécdotas de siempre
- 1 rollo de chistes incorrectos
- 4 tazas copeteadas de risotadas
- ½ litro de lágrimas de risa
- 1 chorrito de pipí (por efecto de la risa y a causa de la incontinencia)
- ½ litro de lágrimas de tristeza
- 1 barra de consejos
- 8 kilos de botanas y postres
- 10 litros de café

PREPARACIÓN

PRECALIENTA la reunión con un buen chisme por el grupo de WhatsApp, pero no lo cuentes completo, reserva el final para cuando comience la reunión en tu casa. COLOCA las botanas y los postres en la mesa. VIERTE el dominó y haz la sopa. MEZCLA con la plática y la humareda de cigarro. INCORPORA las anécdotas en cualquier momento de la velada. RELLENA con chistes subidos de tono. ENFRÍA el ambiente con un relato trágico o triste. SALPIMIENTA con consejos y apoyo. Deja que las horas pasen y ¡DISFRUTA!

Los *reven* de Melissa y Regina

Cuando mis hijas deciden hacer un reventón en la casa, me siento honrada de que me tengan la confianza y me pidan espacio para compartirlo con sus cuates. Eso sí, no es nada fácil controlar a una bola de chamacos en la edad de la punzada que quieren experimentar de todo, pero como ellas bien saben: esta casa se respeta.

Aquí no es cantina, ni bar de mala muerte. Si quieren hacer sus porquerías que se vayan a un congal, al cabaret o ya de plano al motel. A mis hijas les pido encarecidamente que traigan a gente decente y sana; chavos y chavas que yo conozca, o ya de perdida que me presenten a todos los muchachitos de los que tanto hablan. Aun así, no faltan los colados y gorrones.

Para que las fiestas de los adolescentes de tu familia, sean tus hijas, sobrinas o ahijados, estén bajo control, hay que estar al pendiente de la organización haciendo este cuestionario:

Interrogatorio previo a los reventones de la chaviza

¿QUÉ VAN A DAR DE COMER?

Si la respuesta es «No sé», puedes proponer que compren unas pizzas o una canasta de tacos sudados, porque, ¡oye!, pura tomadera y no traen nada en la panza. Por eso se les sube rapidísimo. Ahora en las fiestas los chavos ya no comen, ¡imagínate!

¿PIENSAN DAR ALCOHOL?

Si tus hijos te anuncian que todos van a llevar su chupirul, ¡niégate!, y recalca que en tu casa no se da vino. Si en otras casas les ofrecen, pues muy su pedo; en la casa de los Acampa Robledo, pura agüita natural, chescos y, si me pongo buena onda, órale... unas cervecitas.

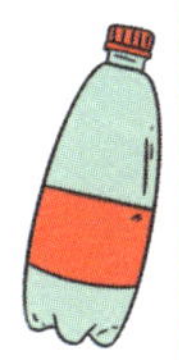

¿QUÉ VAN A PONER PARA BAILAR?

Los chavos de ahora son taaaaaan aguados. Anima a tus hijos a que se diviertan bailando. Me parece padrísimo que se animen con la musiquita, pero luego están todos aplatanados, sentadotes, fumando, y vieras qué coraje me da que nadie baile. Adviérteles que la música siempre deberá estar a un volumen decente, y prohíbe a toda costa las canciones con peladeces, ¡en ese momento te paras y les desconectas los aparatitos!

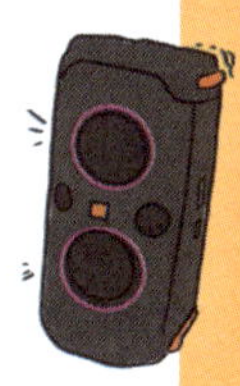

¿CUÁNTOS INVITADOS HABRÁ?

Es muy probable que te manejen una cifra cinco veces menor de la real. Ante esa situación, no olvides darte tus vueltas, echarles un ojo, salir a saludar o pedirles a los escuincles invitados que tengan la cortesía de presentarse. Si es mucha la concurrencia, te recomiendo que cierres los cuartos, las áreas comunes y hasta la despensa, porque hay cada abusivo que te deja vacía la alacena...

Recuento de los daños

(DE LOS REVENTONES DE LA CHAVIZA)

Aun con todas las precauciones que tomo para las fiestas que organizan mis hijas, tiro por viaje algo se sale de control. La última vez que hicieron su «tardeada» terminó hasta la madrugada del día siguiente. Fíjate nomás el cochinero que dejaron:

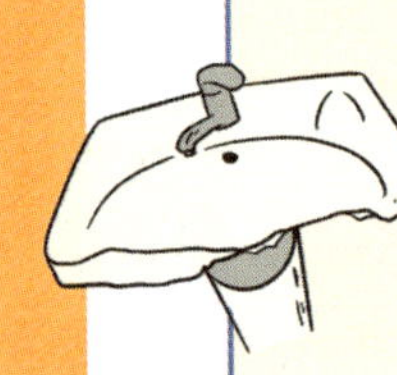

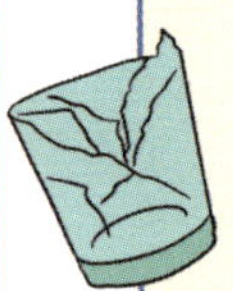

- ✔ Una cantidad de basura que no sé de dónde salió. Conté 16 botellas, 200 latas, 50 colillas, 8 *vapers* y hasta un zapato perdido.
- ✔ Me tronaron el lavabo del baño y dejaron el escusado todo vomitado.
- ✔ Pisaron mis bonsáis y mis rosales, ¡quedaron hechos pomada!
- ✔ Un chavo se quedó dormido en el cuarto de servicio y, cuando lo vi, le tuve que dar un escobazo para que se despertara.
- ✔ Les dieron *vajilla* a las botellas de mi cantina y se chuparon un licor de frambuesa riquísimo que me compré en la feria de Huasca de Ocampo, de donde es la familia de Luly.
- ✔ Mi piso lo dejaron hecho un lodazal. Parece que se fueron a meter a un chiquero y entraron zapateando a la sala con sus patotas. ¿No saben lo que es una jerga o qué onda?
- ✔ Vino la patrulla, porque los vecinos se quejaron del escándalo y tuve que darles mordida.
- ✔ Se desapareció mi jarrón chino y lo encontré tirado en el jardín lleno de colillas de cigarro.

✔ Vino esa escuincla, Ximenita, que me cae en la punta del pie y empezó a hacer sus desfiguros con un chamaquito que sabe Dios quién era. Ahí andaba metiéndole mano, se querían subir al cuarto, sííííííí, los viiiiiiii. Yo no me espanto, pero aquí es donde te preguntas:

¡¡¿Y LOS PAPÁS?!! ¡¡¿DÓNDE ESTÁN, CARAJO?!!

Invitados de ensueño vs. Invitados de pesadilla

INVITADOS DE ENSUEÑO

- Confirman su asistencia con 1 semana de anticipación.
- Llegan puntuales, o máximo 15 minutos tarde.
- Traen siempre un detalle: postre, vino, pan o un regalito para tu casa.
- Aceptan acomodarse en cualquier lugar y ceden su asiento a quien lo necesite.
- Ofrecen su ayuda para acomodar el mobiliario, servir, llevar y traer cosas.
- Vigilan a sus hijos y les llaman la atención en los momentos adecuados.

- Se interesan por ti y tu familia. Saben escuchar y son grandes interlocutores.
- No se meten en chismes, ni generan tensiones; de hecho, son conciliadores.
- Platican de manera entretenida, amena e incluso tienen un talento artístico (tocan la guitarra, cantan padrísimo, cuentan chistes, declaman, etc.).
- Dejan tu baño impecable, parece que ni siquiera lo usaron.
- Se retiran a una hora prudente.
- Son solidarios y preguntan si alguien necesita *ride*.

INVITADOS DE PESADILLA

- Cancelan a última hora o llegan con más personas de las esperadas.
- Llegan tardísimo y se indignan si no les apartaron comida.
- Traen vino corriente.
- Llevan un postre raquítico o de mala calidad.
- Son pedinches profesionales.
- Se quejan constantemente de la temperatura de tu casa.
- Estar sentadotes es su posición favorita en la reunión.
- Dejan a sus hijos a la buena de Dios y no los controlan.
- Sus hijos son criaturas maleducadas, groseras, *destroyers*, y tienen manitas de estómago.
- Comen como si no hubiera un mañana.
- Les da el mal del puerco y te piden tu recámara para echarse una siesta a mitad de la reunión.
- Son bien gluglú: les encanta la copita.
- Hablan hasta por los codos y no dejan platicar.
- Se retiran tardísimo de casa y todavía piden itacate.

REGLA DE ORO DE TODA REUNIÓN:

Criticar a los invitados después de que se retiren de tu casa.

Carolina Acampa, o sea, nuestra mamá, es meeegacriticona. Ya le hemos dicho varias veces que ese tipo de cosas son nefastísimas, pero ella insiste en poner el ojo hasta en el detalle más mínimo; si una invitada no se depiló el bigote, le ofrecerá, bajita la mano, unas pinzas de depilar. Lo único bueno de ser el objetivo de Carito Acampa es que, cuando te da su opinión, sabes que no será hipócrita, sino brutalmente honesta.

CONFESIONES DEL DIARIO DE CARITO SOBRE LA REUNIÓN CON LOS PAPIS DEL COLEGIO

Querido diario:

Hoy tuve visitas en la casa y, como siempre, todo fue un éxito; excepto por la tinga que se echó a perder. Se me olvida que el pollo es muy delicado y, si no se hierve o se le dan sus meneadas al guisado, empieza a espumar, se apesta y ni para dárselo a los perros, caray. Por suerte, las otras cazuelas resistieron el calorón y los platillos de la taquiza estuvieron muy sabrosos. Todos quedaron satisfechos y se sirvieron hasta tres veces. ¡Y yo con el Jesús en la boca pensando que no iba a alcanzar!

Invité a los papás de los amiguitos de toda la vida de Regina y Melissa. Fue un rencuentro muy bonito, lástima que Gustavo, el papá de las gemelas Arriaga, es un mamóóóóóóóóóóón. Cada que tiene oportunidad, presume hasta lo que no tiene. Ahora vino con el cuento de que se fue meses a Europa para arrancar unos negocios. Y yo pensando para mis adentros: «Ajá, ajá, claaaaaaro, pendejo, ¿cuál dedo me chupo?». Sé perfectamente que se va a Europa (más bien a Uruapan), porque ya no lo soportan en su casa. Malena, su esposa, me comentó que ya traen broncas, y él se da sus escapadas, porque prácticamente están separados. La verdad, ¡pobre Malena!, se ve que la está sufriendo: come con una ansiedaaaaaaaaaad. Se sirvió, fácil, 20 tacos de guisado. Jamás la había visto empacarse esa cantidad y con ese nivel de desesperación.

El hermano chiquito de las gemelas, Mateo, es un niño-problema, pero también me da mucha tristeza, porque, por ser el pilón, se nota que no le pusieron la misma atención que a sus hermanas. Y lo peor es que ni el mamón de su padre ni Malena le llaman la atención al escuinclito; estuvo dando balonazos a mis rosales y los dejó pelones, casi rompe un vidrio de un trallazo. Y sus papás ahí sentadotes, conchudos, come y come, bebe y bebe, mientras que el chamaco latoso haciendo travesura y media.

Al que vi muy jodido fue a Juanito, el esposo de Martha Lorena, papás de Sebastián. No sé qué se hizo en la cara, pero está hasta cacarizo, y eso que se daba una vida de puro viaje, cruceros, *gym* y *spa*. Se nota que les está yendo mal. Le tuvieron que bajar a sus gustitos y creo que hasta vendieron sus propiedades. De hecho, me parece que andan a patín, porque me extrañó que esta vez no trajeran su camionetón.

Los que son un encanto: Adriana Pastrana y Juan. Qué buen marido le tocó a mi amiga. Es un tipazo ese hombre. Aunque lo que me choca es que últimamente se queda dormido en la sala y no convive tanto. La edad le está pegando. Lo que sí estuvo gacho fue el postre que trajeron: una gelatina de nuez taaaan fea, no sabía a nada, como dijo Luly, esa gelatina en lugar de ser de nuez, era de «no-es» de nada, mano.

Fuera de eso, las demás parejas estuvieron muy a gusto, aunque yo no veía la hora para que se fueran. Son muy picados. Digo, sé que mis fiestas son de mucho ambiente, pero llega un punto en que ya pides esquina y ahora sí tuve que aplicar la clásica frase de «Las visitas tienen sueño» para despedirlos.

Espero que en la próxima reunión se arme mejor la coperacha, porque muchos se hicieron de la vista gorda cuando les cobré lo de los meseros; otros no trajeron ni un chesco, y hubo unos que de plano vinieron casi a fuerza, pues andaban de un aguado que mejor se hubieran quedado en su casa a dormir.

Pero, bueno, ya saben que a mí no me gusta juzgar...

EL RECETARIO
SIMPATIQUÍSIMO
DE CARITO ACAMPA

Tengo que ser honesta: yo no cocino. Si acaso lo hago en fechas superespeciales, como Navidad, Año Nuevo o algún cumpleaños que lo amerite. Pero a estas alturas del partido, prefiero pagar para que me hagan la comida que andar a las carreras picando, horneando y lavando un trasterío infernal.

Yo aplico el viejo truco de comprar un platillo ya hecho y decirles a mis invitados que me la pasé cocinando tooooooooda la noche. Y además tengo el descaro de preguntarles: «¿Qué tal me quedó?», ja, ja, ja, ja, ja, ja, aunque sea de Costco. Aun así, cuando hay una reunioncita casual, intento lucirme con algunos platillos sencillitos que a continuación te comparto:

Botanas

QUESO CREMA CON GALLETITAS

Porción para 5 amigas con hambre de chisme

INGREDIENTES

1 barra de queso crema
1 latita de chipotles
1 frasco de mermelada de chabacano o piña
1 paquete de galletas saladas

PREPARACIÓN

Coloca la barra de queso crema en un plato extendido. Vierte la mermelada sobre el queso hasta cubrirlo. Agrega el liquidito de la lata de chipotles sobre la mermelada. Coloca las galletas alrededor de la preparación. ¡Disfruta y empáchate con esta botanita mientras te cuentan el chisme del año!

SANDWICHÓN

Porción para 5 personas de buen comer

INGREDIENTES

1 paquete de pan de caja blanco
½ kilo de jamón de pavo
¼ de queso amarillo
1 latita de chiles en vinagre
1 barra de queso crema
1 lata de pimiento morrón
¼ de crema ácida
3 cucharadas de mayonesa
1 cucharada de mostaza
Sal y pimienta al gusto

PREPARACIÓN

Corta las orillas del pan de caja. Acomoda aproximadamente seis cuadritos de pan en un platón. Mezcla la crema, la mayonesa, la mostaza y un chorrito de vinagre. Embadurna los panes con la mezcla y pon encima rebanadas de jamón y queso amarillo. Apila otra tanda de panes, mezcla, jamón y queso.

Para la cobertura: en tu licuadora mezcla la barra de queso crema con los pimientos morrones y recubre toda la pila de sándwiches con esta preparación. Refrigera por una hora y sirve un buen pedazo, o como dice tu amiga la que está a dieta: «A mí sírveme una oblea».

Otras botanas
(que puedes comprar para no cocinar)

- ☐ Bolsa de papas
- ☐ Cacahuates o mezcla de nueces con arándanos
- ☐ Guacamole con totopos
- ☐ Tabla de quesos
- ☐ Carnes frías
- ☐ Ensalada rusa con galletitas saladas

Platillos más llenadores

SOPA FRÍA DE CODITO CON JAMÓN

Porción para 10 personas de buen diente

INGREDIENTES

500 gramos de pasta de codito
1 litro de crema
½ litro de mayonesa
1 cucharada de mostaza
½ kilo de jamón de pavo en cubos gruesos
1 ramito de perejil
Sal y pimienta al gusto

PREPARACIÓN

Cuece la pasta, escurre y deja que se enfríe. Añade la crema, la mayonesa, la mostaza y los cubitos de jamón. Agrega perejil picado al gusto, sal y pimienta. Refrigera por una hora y sirve hasta que se atiborren.

ESPAGUETI CON MORRÓN

Porción para 10 personas con apetito feroz

INGREDIENTES

500 gramos de pasta de codito
1 litro de crema ácida
1 barra de queso crema
2 pimientos morrón rojos
2 pimientos morrón amarillos
2 pimientos morrón anaranjados
½ litro de puré de tomate sazonado
1 cubito de mantequilla
Sal y pimienta al gusto

PREPARACIÓN

Pon a cocer la pasta, escurre y déjala a temperatura ambiente. Para la salsa: pon a tatemar los pimientos y, una vez que estén ligeramente carbonizados, retírales las semillas y el rabito. Licúa los pimientos, el puré de tomate, el queso crema y la crema ácida hasta obtener una mezcla. Prepara la sartén con la mantequilla derretida. Vierte la mezcla cremosa en la sartén hasta que consiga un color más intenso. Añade la pasta e incorpora todos los ingredientes. Agrega sal y pimienta al gusto. Y acompaña con pan rebanado para que se llenen estos hijos de su *mais*.

Otros platillos más llenadores
(que puedes comprar para no cocinar)

- ☐ Pizza
- ☐ Tacos
- ☐ Bocadillos
- ☐ Lasaña
- ☐ Pastel azteca
- ☐ Salpicón

Postres

CARLOTA DE LIMÓN

Porción para 4 personas con antojo de algo dulcecito

INGREDIENTES

1 lata de leche condensada
1 lata de leche evaporada
¼ de taza de jugo de limón colado
30 galletas Marías
1 limón cortado en rodajas
5 galletas Marías troceadas

PREPARACIÓN

Licúa la leche condensada y la leche evaporada. Agrega el jugo de limón a la mezcla hasta obtener una consistencia cremosa. Coloca en un refractario una capa de galletas, cúbrela con la mezcla cremosa de limón y repite hasta terminar los ingredientes. Refrigera por una hora o más. Puedes decorar con rodajas de limón, con ralladura, o bien, con hojitas de menta. ¡Es un postre muy rico y fresco, nada empalagoso!

FRESAS CON CREMA

Porción para 10 personas que se quedaron con un huequito

INGREDIENTES

1 kilo de fresas
1 litro de crema ácida
¼ de azúcar

PREPARACIÓN

Lava y desinfecta muuuuuuy bien las fresas (que es de las frutas más cochinas, almacena mucha bacteria). No olvides quitarles el rabito. Mezcla en un tazón las fresas, la crema y el azúcar. Puedes triturar las fresas con un vasito o puedes simplemente cortarlas en rodajas. Prueba hasta conseguir el dulzor de tu preferencia y no olvides checar tus niveles de colesterol, triglicéridos y azúcar de vez en cuando.

Otros postres
(que puedes comprar para no cocinar)

- ☐ Arroz con leche
- ☐ Gelatina con rompope
- ☐ Pastel de nuez (no compres de «no-es», ja, ja, ja)

- ☐ Pastel de tres leches de Los Tulipanes (uf, el mejor)
- ☐ Rosca de Tere Cazola
- ☐ Gelatina mosaico
- ☐ Pasteles del Costco (bajo tu propio riesgo)

Bebidas

CLERICOT

Rinde 1 litro que se toma como agua tu amiga la gluglú...

INGREDIENTES

1 litro de vino tinto (medio corrientito)
½ litro de refresco de limón
1 lata de coctel de frutas en almíbar

PREPARACIÓN

En una jarra bonita, agrega las frutas en almíbar, medio litro de refresco de limón y el litrote de vino tinto de tu preferencia. Mezcla y prueba. Si se te hace muy dulce, añade agua mineral. O si le falta más piquete, pues otro medio litro de vino. Y «que'sto que l'otro, ¡salud!».

CARAJILLO

Rinde una copita, ya sea para el desempance o para hacer sobremesa

INGREDIENTES

1 *shot* de café exprés

2 onzas de Licor 43
Hielos

PREPARACIÓN
En un mezclador de bebidas, agrega el hielo, el café y el licor. No olvides que el café debe estar tibio o frío, si no te puede explotar el artefacto y tu carajillo se convertirá en un: «¡Carajo, chingada madre, ya ensucié!». Agita muy bien la mezcla, o como dicen los chavos, *cheikea* con singular alegría para que te quede espumoso. Sirve y verás que te da un segundo aire para que sigas la fiesta.

— Otras bebidas suavecitas —
(para servir directo de la botella)

- ☐ Baileys
- ☐ Rompope
- ☐ Anís
- ☐ Vino rosado

Test

DE SEÑORA

Has llegado al final de este libro y seguramente reconociste a tu abuela, mamá, tía o hermana en cada uno de los capítulos, pero ahora te toca identificar qué tipo de señora eres. Elige la opción que más te represente y hasta puedes dobletear en la respuesta. Diviértete y espero que no te me traumes.

1. Además de imanes, ¿qué otros objetos hay en tu refrigerador?

a) La hoja de la dieta que nunca sigues
b) Recetas de cocina y recetas médicas
c) Volantes de negocios de comida

2. Cuando hay un temblor o un fenómeno natural relevante, comúnmente tú...

a) ya lo presentías
b) opinas que se producen a causa de las energías
c) aseguras que el color del cielo y las nubes aborregadas ya lo anunciaban

3. Si se suelta el aguacero, tu mayor preocupación es...

a) bajar la ropa tendida
b) que alguien entre con las patotas empapadas y enlodadas arruinando tu espectacular trapeado
c) que se arruine el brillo de tu coche recién lavado

4. Lo que más te molesta en un restaurante o bar es que...

a) pongan la música muy alto y no se pueda platicar
b) te atiendan de jeta
c) tengan el aire acondicionado a todo lo que da

5. Cosas que reciclas con mayor frecuencia:

a) Botes de yogur, crema y helado para transformarlos en *tuppers*
b) Bolsas de plástico y tela almacenadas en una bolsa madre (también reciclada)
c) Latas de galletas para almacenar hilos y agujas

6. Lugar donde guardas los documentos importantes de la casa:

a) Debajo del colchón
b) No me acuerdo, los tengo perdidos
c) En los cajones de la vitrina

7. Palabra que utilizas para la gente peligrosa:

a) Malandrín
b) Malora
c) Chacal

8. Tus días de descanso los disfrutas haciendo...

a) limpieza profunda
b) trámites y papeleo
c) comida para toda la semana

9. Medicamentos que más consumes de tu botiquín...

a) antiácidos
b) sal de uvas
c) omeprazol

10. Época en la que decoras tu casa de Navidad:

a) Inmediatamente después del Día de Muertos
b) Una semana antes del 24 de diciembre
c) Según lo dicte el calendario de Adviento

11. Si tu calzado es muy cómodo, lo defines como...

a) «Estos zapatos son unos guantes»
b) «Es que son de piel auténtica»
c) «Tienen muy buena horma»

12. Manera de nombrar tu equipaje:

a) Velís
b) Petaca
c) Mis chivas

13. Si quieres acabar algo rápido dices hacerlo...

a) en dos patadas
b) en un dos por tres
c) en friega

14. Algo que pierdes con frecuencia:

a) Las llaves de la casa
b) El celular
c) La paciencia

15. Cuando te vas de vacaciones, lo más agotador es...

a) caminar
b) empacar
c) la semana en la que regresas de vacaciones

16. Tipo de cereal que consumes en el desayuno:

a) *Confleis*
b) *Frutilupis*
c) El de fibra

17. Técnica que utilizas para partir un pastel:

a) Círculo concéntrico
b) Cuadritos
c) Diagonales cruzadas

18. ¿Cuál es el color que predomina en tu ropa interior?

a) *Beige*
b) Gris
c) Negro

19. Alimento que más consumes cuando te pones a dieta:

a) Papaya
b) Pechuga asada
c) Verduras al vapor

20. ¿Cuál es el objeto que más peleas en una boda, además del ramo?

a) El centro de mesa

b) El abanico que regalan en bodas de jardín
c) Las pantuflas

21. No has subido de peso, simplemente estás...

a) inflamadísima
b) reteniendo líquidos
c) comiendo por estrés

22. Electrodoméstico que más deseas:

a) Freidora de aire
b) Cafetera de cápsulas
c) Licuadora Ninja

23. Movimiento más común cuando bailas en una fiesta:

a) Aplaudir
b) Apretar la boca
c) Chasquear los dedos

24. ¿Cuál de las siguientes manualidades has hecho?

a) Tejer bufandas
b) Bordar en punto de cruz
c) Repujado

25. Si un producto o alimento ya caducó, ¿qué haces?

a) Lo pruebas y dices: «Todavía está bueno»
b) Tirarlo a la basura y sentir culpa
c) Opinas que las etiquetas son engañosas

26. ¿Qué tipo de clases tomarías para ejercitarte?

a) Zumba
b) *Aerobics*
c) Pilates

27. Alimentos que consideras «tus drogas» o «tu vicio»:

a) El pan dulce
b) El refresco
c) El café

28. Si vas a discutir con alguien o a arreglar malentendidos, le dices...

a) «Nos vamos a echar un pollito»
b) «Vamos a darnos un quién vive»
c) «Nos vamos a echar un *round*»

29. Tipos de remedios o curaciones más comunes en tu hogar:

a) Quitar el susto con un bolillo
b) Quitar el empacho pellizcando la nuca
c) Quitar el mal de ojo con una limpia de huevo

30. Acciones que enferman automáticamente al ser humano, según tu. No importa que los doctores lo hayan desmentido en varias ocasiones:

a) Andar descalzos
b) Salir con el pelo mojado
c) Tomar cosas frías

RESPUESTAS

MAYORÍA A: SEÑORA SUPREMA

¡Felicidades! Eres una señora en toda la extensión de la palabra. Es probable que se refieran a ti no solamente como «señora», sino como «madre» o «doña». Estás en una etapa maravillosa en la que todo te vale *mauser*, pero también en la que todo se te olvida. Vives rodeada de amor, plantas o gatos. Dominas cómo ser feliz con poco, pero sabes que entre más *tuppers* tengas, más exitosa serás. Aprovechas todas las oportunidades, ofertas, promociones y descuentos que se te presentan en tu día a día. Ya no te preocupas por aparentar algo que no eres: te sientes orgullosa de salir en pijama, con un suéter sobrepuesto y unas chanclas para ir a la tienda o a la comida de tu ahijado. Valoras tu presente, pero también eres previsora y ves por tu futuro, porque sabes comprar aguacates para hoy, para mañana y para la semana. Tu existencia da sentido a todos los que te rodean, porque el día que les faltes ¿qué van a hacer sin ti?

MAYORÍA B: SIMPLEMENTE SEÑORA

¡Bravo! Te convertiste en lo que juraste destruir. No te escondas más, corre venturosa y sal a gritar a los cuatro vientos (si tus pulmones o tu condición física te lo permiten) que ya eres una señora hecha y derecha: de esas que prefieren una *mami-van* en lugar de un carro deportivo descapotable; que cambiaron todos sus tacones y plataformas por zapatos con plantillas y tenis con válvulas de aire, y que, aunque no supieron elegir un buen marido, al menos hoy saben escoger la fruta sin que venga desabrida. Eres referente de tu familia y amigos, porque tu experiencia te autoriza para dar sabios consejos como aquel tan certero que predicas: «La ropa blanca se lava en una carga, y la de color, en otra».

MAYORÍA C: SEÑORA EN POTENCIA

¡Uy! Este tipo de señorismo no tiene realmente edad, más bien es un *state of mind*, como dicen mis hijas las bilingües (sepa su madre cómo se pronuncia). No importa cuántos años tengas, ya no puedes ocultar que eres una señora. Sabes muy bien que, aunque intentes verte chava con ropa *oversize*, tus ideas y concepciones sobre el mundo cada vez son más cerradas; las cosas son blanco o negro, ¡cuál pinche escala de grises! Si decides bailar una canción moderna, en el fondo, recuerdas con nostalgia el reguetón del viejito. Ya no sabes si Chayanne es tu papá, tu esposo o tu potencial *sugar daddy*. Estás en ese momento de la vida en el que tu tiempo libre y energía no los usas para irte de antro, sino para limpiar tu casa. Ahora la cantidad de vitaminas, probióticos y suplementos alimenticios que ingieres es mayor al número de *shots* que te echas en las fiestas. Abraza esta nueva etapa; agradece que te cedan el lugar en el transporte y que los chamaquitos se dirijan a ti como «señora»; florece como esas orquídeas que con tanto empeño has cuidado. Si sigues escondiendo a esa señora que vive dentro de ti, es probable que termines diciéndote: «Y si la encuentro yo, ¿qué te hago?».

EPÍLOGO

SEÑORA HOY, MAÑANA Y SIEMPRE

Hemos llegado al final de este libro, ¿te cayeron varios veintes? ¡Espero que sí! No me digas que te compartí toda mi sabiduría a lo puro tonto. A mí me preguntan «Carito, ¿cómo le haces para ser tan vivaracha a tu edad?», y la verdad es que no tengo una respuesta certera. A mí no me ofende que me digan «señora», porque yo porto el distintivo con orgullo. ¿Qué tiene de malo ser una señora? Mejor eso que salir como mi exesposo el Pelón que se cree de 25 años. ¡Eso tiene en cada pierna!

Una tiene que aprender a madurar y regocijarse con los obstáculos que ha tenido que superar. Si tú eres una señora que disfruta las plantas, les pone nombre y habla con ellas, qué maravilla; si eres de las que disfruta cocinar para su familia, lo respeto; si eres de las que se queda dormida escogiendo una película en Netflix, qué a gusto; si tienes una rutina muy específica por las mañanas, ¡te aplaudo también! Si eres de las que disfruta un fin de semana sola, en una cabaña lejos de la ciudad sin querer saber de nadie, ¡canija, llévame contigo!

Hay muchos tipos de señorismo y no quiero que te me avergüences de ninguno. Ser una señora en estos días es monísimo, porque significa que ya no finges ser quien eres, qué regalo de la vida, ¿no? Así que la próxima vez que un escuincle *centennial* te diga «señora», tú responde «Sí, y a mucha honra».

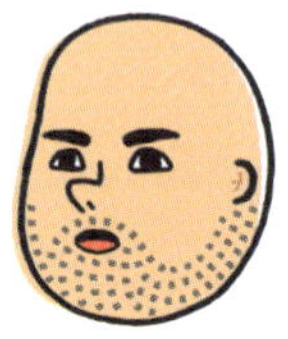

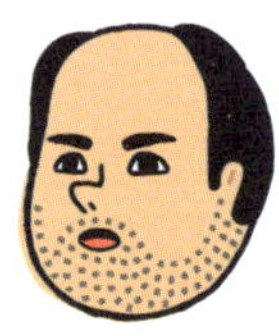

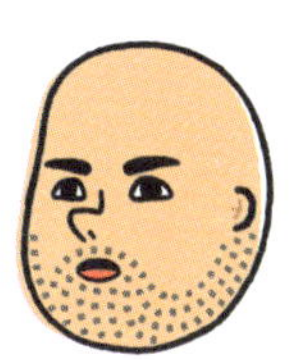